新学習指導要領対応

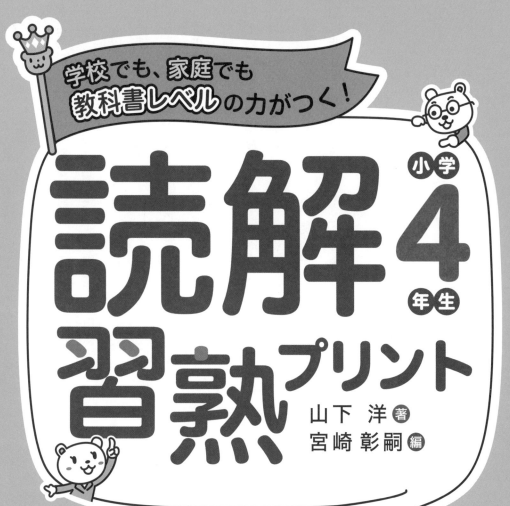

学校でも、家庭でも
教科書レベルの力がつく！

読解習熟プリント 小学4年生

山下 洋 著
宮崎 彰嗣 編

これなら
できた！

清風堂書店

はじめに

読解が苦手な子どもは、文章を読むことが苦手という場合がほとんどです。そこで本書は、「なんだか面白そう」「ちょっと読んでみよう」と思える内容を目指しました。

もし一回読んで悩んでいるようでしたら、もう一度文章を読んでみるよう声をかけてあげてください。答えのほとんどは、その中にあります。読むことがゴールへの近道なのです。

各学年で特に重要な項目は、低学年は「だれが」「どうした」という文の組み立ての基本。中学年は「つなぎ言葉」「こそあど言葉」など、文と文の関係や、段落の役割。高学年は「理由」「要約・主張」など、文章全体をとらえることです。

これらの項目の内容が無理なく身につくよう、易しい基礎問題から始め、つまずきやすいポイントは解説つきにしています。また、「読解に自信がある」という人も、まとめ問題でさらに自信を深めていけるようにしました。

本書が活用され、読解問題に楽しんで取り組む子どもが増えていくことを願います。

★改訂で、さらにわかりやすく・使いやすくなりました！

変わらない特長

○ 通常より細かなスモールステップで「わかる」！

○ 大事なところはくり返し練習で「わかる」「できる」！

○ 教科書レベルの力が身につく！

新しい特長

○ 学習項目ごとに、チェック→ワーク→おさらいの「3ステップ」。読解力の土台をつくる！

○ より実践的な「まとめ問題」で応用力がつく！

○ 答えに「ワンポイントアドバイス」つき

○ 読みやすくわかりやすい「太めの手書き風文字」

使い方

チェック

タイトルの学習項目の内容を中心に出題しています。

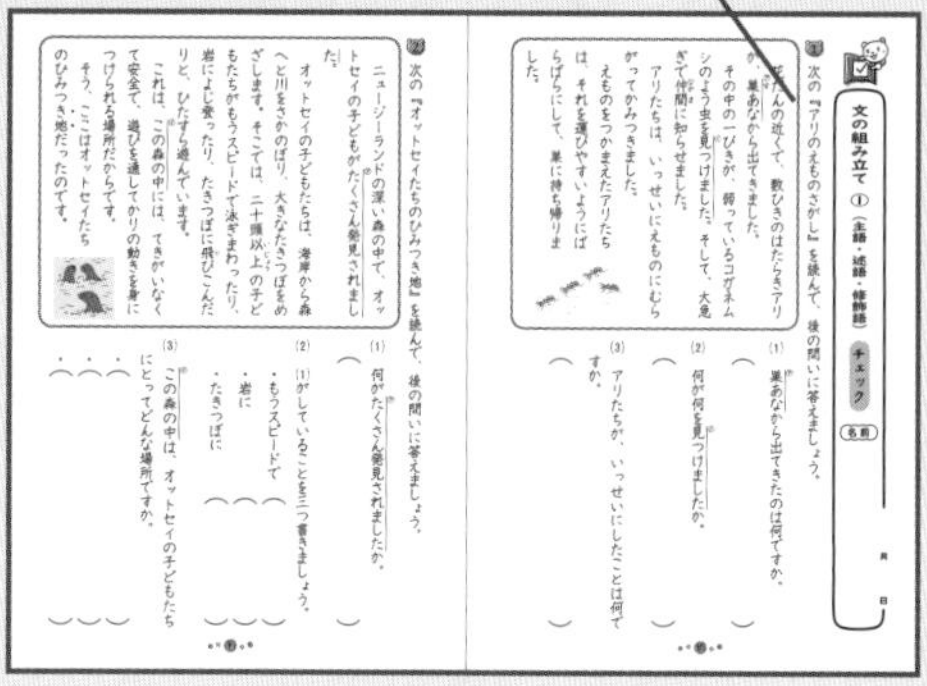

まずはうでだめし。問題を解いてみることで、自分の力をチェックできます。

ワーク

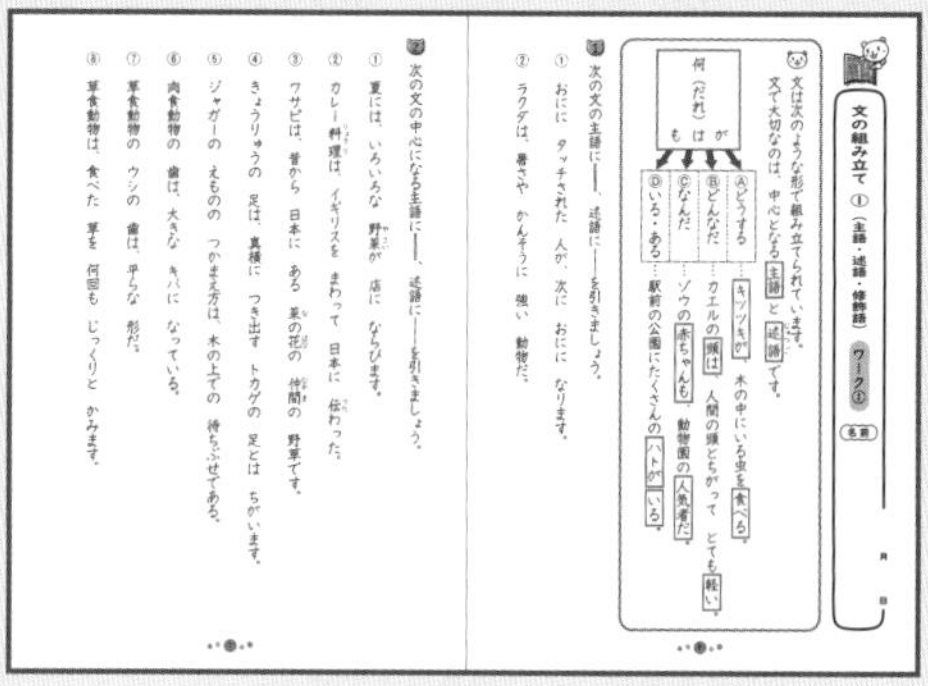

ワークの練習問題や解説で、理解が深まります。

おさらい

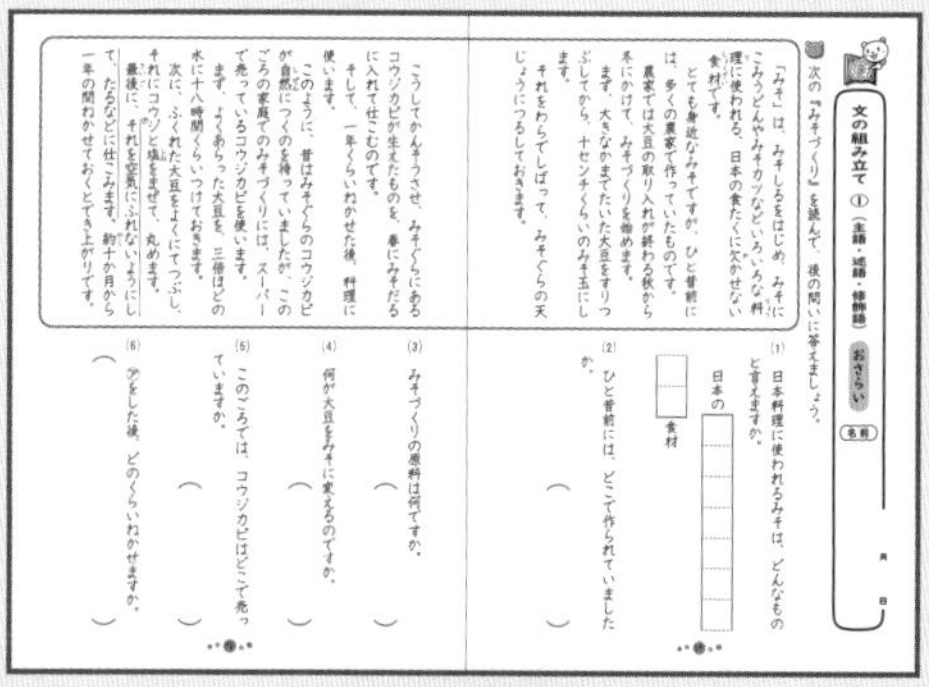

おさらいで、学んだ項目のしあげができます。

3ステップをくりかえすことで、読解力の基礎が身につく！

まとめ問題

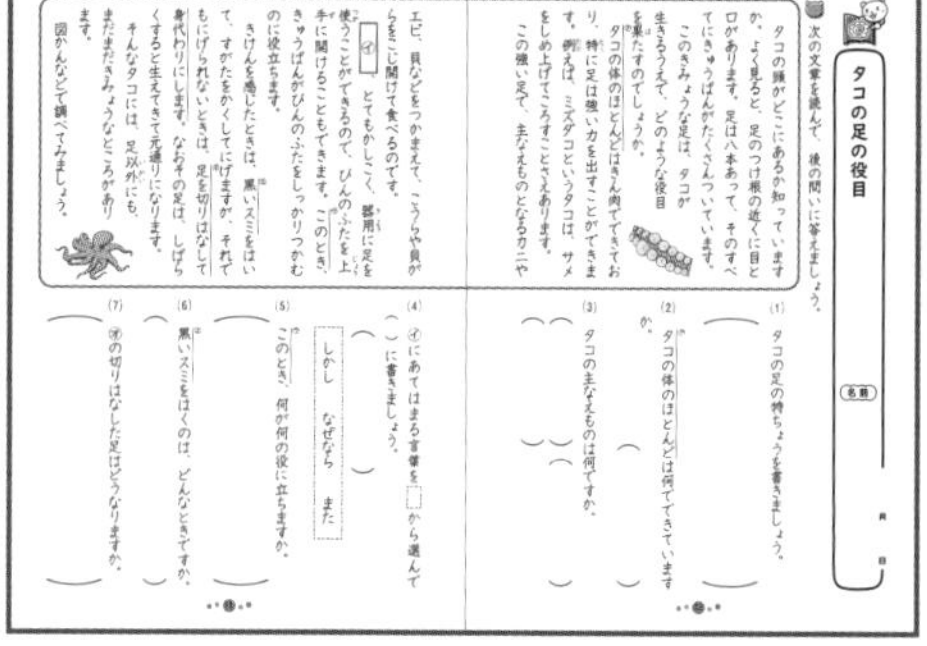

まとめ問題でさらに実践力がつきます。

取り外せる別冊解答は、ワンポイントアドバイスつき！

読解習熟プリント四年生　もくじ

きそ問題

まとめ問題

文の組み立て ①（主語・述語・修飾語）チェック

名前

月　日

① 次の『アリのえものさがし』を読んで、後の問いに答えましょう。

花だんの近くで、数ひきのはたらきアリが、㋐巣（す）あなから出てきました。その中の一ぴきが、弱っているコガネムシのよう虫を㋑見つけました。そして、大急ぎで仲間（なかま）に知らせました。

アリたちは、いっせいにえものにむらがってかみつきました。

えものをつかまえたアリたちは、それを運びやすいようにばらばらにして、巣に持ち帰りました。

(1) ㋐巣あなから出てきたのは何ですか。

（　　　　）

(2) 何が何を㋑見つけましたか。

（　　　　）

(3) アリたちが、いっせいにしたことは何ですか。

（　　　　）

② 次の『オットセイたちのひみつき地』を読んで、後の問いに答えましょう。

ニュージーランドの深い森の中で、オットセイの子どもが㋐たくさん発見されました。

オットセイの子どもたちは、海岸から森へと川をさかのぼり、大きなたきつぼをめざします。そこでは、二十頭以上(いじょう)の子どもたちがもうスピードで泳ぎまわったり、岩によじ登ったり、たきつぼに飛(と)びこんだりと、ひたすら遊んでいます。

これは、㋑この森の中には、てきがいなくて安全で、遊びを通してかりの動きを身につけられる場所だからです。

そう、ここはオットセイたちのひみつき地だったのです。

(1) ㋐何がたくさん発見されましたか。

（　　　　）

(2) (1)がしていることを三つ書きましょう。

・もうスピードで（　　　　）

・岩に（　　　　）

・たきつぼに（　　　　）

(3) ㋑この森の中は、オットセイの子どもたちにとってどんな場所ですか。

・（　　　　）

・（　　　　）

・（　　　　）

文の組み立て ①（主語・述語・修飾語）

ワーク①

名前

月　日

文は次のような形で組み立てられています。
文で大切なのは、中心となる**主語**と**述語**（じゅつご）です。

何（だれ）が／は／も

- Ⓐどうする……**キツツキが**、木の中にいる虫を**食べる**。
- Ⓑどんなだ……カエルの**頭は**、人間の頭とちがって　とても**軽い**。
- Ⓒなんだ……ゾウの**赤ちゃんも**、動物園の**人気者だ**。
- Ⓓいる・ある……駅前の公園にたくさんの**ハトが** **いる**。

1 次の文の主語に═══、述語に───を引きましょう。

① おにに　タッチされた　人が、次に　おにに　なります。

② ラクダは、暑さや　かんそうに　強い　動物だ。

2 次の文の中心になる主語に＝＝、述語に――を引きましょう。

① 夏には、いろいろな 野菜が 店に ならびます。

② カレー料理は、イギリスを まわって 日本に 伝わった。

③ ワサビは、昔から 日本に ある 菜の花の 仲間の 野草です。

④ きょうりゅうの 足は、真横に つき出す トカゲの 足とは ちがいます。

⑤ ジャガーの えものの つかまえ方は、木の上での 待ちぶせである。

⑥ 肉食動物の 歯は、大きな キバに なっている。

⑦ 草食動物の ウシの 歯は、平らな 形だ。

⑧ 草食動物は、食べた 草を 何回も じっくりと かみます。

文の組み立て ①（主語・述語・修飾語） ワーク②

名前

月　日

修飾語（しゅうしょくご）とは、主語・述語（じゅつご）や他の修飾語をくわしくする言葉です。『何を・何に・何で・どこに・どこへ・どのような・どのように』などです。

1 〰〰の言葉がくわしくしている言葉に――を引き、「をつけましょう。

① 妹が　色えん筆で　絵を　かきました。　【何で（道具・手段（しゅだん））かいたか】

② 弟は　テニスを　習っている。　【何を（目的物（もくてきぶつ））習っているか】

③ セミが　かきの木に　とまっていた。　【どこに（場所）とまっているか】

④ わたしは　公民館へ　行きました。　【どこへ（方向・場所）行ったか】

2 〰〰の言葉がくわしくしている言葉に「をつけましょう。

① 空に 白い 雲が うかんでいた。
【どんな（色）かくわしくする】

② うちの 小さい 犬は こわがりです。
【どんな（大きさ）か表している】

③ 母は 牛にゅうを たっぷり 飲んだ。
【どれくらいの（量）を飲んだのか】

④ 昨日（きのう）、わたしは おいしい ステーキを 食べた。
【どんな（味）だったか】

⑤ オットセイの 子どもたちは、もうスピードで 泳ぐ。
【どのような（速さ）だったか】

文の組み立て ①（主語・述語・修飾語）おさらい

名前

月　日

次の『みそづくり』を読んで、後の問いに答えましょう。

「みそ」は、みそしるをはじめ、みそにこみうどんやみそカツなどいろいろな料(りょう)理(り)に使われる、日本の食たくに欠(か)かせない食材(しょくざい)です。

とても身近なみそですが、ひと昔前には、多くの農家で作っていたものです。

農家では大豆の取り入れが終わる秋から冬にかけて、みそづくりを始めます。

まず、大きなかまでたいた大豆をすりつぶしてから、十センチくらいのみそ玉にします。

それをわらでしばって、みそぐらの天じょうにつるしておきます。

(1) 日本料理に使われるみそは、どんなものと言えますか。

日本の［　　　　　　　］［　　］食材

(2) ひと昔前には、どこで作られていましたか。

（　　　　　　）

こうしてかんそうさせ、みそぐらにあるコウジカビが生えたものを、春にみそだるに入れて仕こむのです。

そして、一年くらいねかせた後、料理に使います。

このように、昔はみそぐらのコウジカビが自然（しぜん）につくのを待っていましたが、このごろの家庭でのみそづくりには、スーパーで売っているコウジカビを使います。

まず、よくあらった大豆を、三倍ほどの水に十八時間くらいつけておきます。

次に、ふくれた大豆をよくにてつぶし、それにコウジと塩（しお）をまぜて、丸めます。

最後（さいご）に、㋐<u>それを空気にふれないようにして、たるなどに仕こみます。</u>約（やく）十か月から一年の間ねかせておくとでき上がりです。

(3) みそづくりの原料は何ですか。

（　　　　　　）

(4) 何が大豆をみそに変えるのですか。

（　　　　　　）

(5) このごろでは、コウジカビはどこで売っていますか。

（　　　　　　）

(6) ㋐をした後、どのくらいねかせますか。

（　　　　　　）

文の組み立て ②（まとまった修飾語）チェック

名前

月　日

次の『「発明家」トーマス・エジソン』を読んで、後の問いに答えましょう。

発明家のトーマス・エジソンは、アメリカで生まれました。エジソンは、小さいころはトムとよばれていました。

エジソンは、大変（たいへん）「知りたがり屋」な子どもでした。

小学校の勉強中には、いつも「なぜ？」「どうして？」とたずね、先生をこまらせました。あまりにもしつ問しすぎて、じゅ業が進まなくなることもありました。その結果（けっか）、エジソンは学校をやめることになりました。

(1) エジソンは、どこで生まれましたか。

（　　　　　）

(2) エジソンは、どんな子どもでしたか。

（　　　　　）

(3) 小学校の先生は、どうしてこまったのですか。

（　　　　　）

学校をやめたエジソンに、勉強を教えたのは、元々学校の先生をしていたお母さんでした。

お母さんは、エジソンがなっとくするまで勉強を教えてくれました。エジソンは勉強が好きになりました。

エジソンの好きな科目は、理科でした。お母さんは、エジソンのために実験室として使うための地下室をあたえました。

そこで、十七さいのころ、決まった時間に信号を送る仕事をしていたエジソンは、人生で初めて発明をしました。それは、時計を使って自動で信号を送る器具でした。

(4) エジソンは、なぜ勉強が好きになったのですか。

（　　　　　　　　）

(5) お母さんは、エジソンに何をあたえましたか。

（　　　　　　　　）

(6) エジソンの初めての発明は何でしたか。

（　　　　　　　　）

文の組み立て ②（まとまった修飾語）

ワーク①

名前

月　日

文は、主語と述語（じゅつご）と修飾語（しゅうしょくご）で組み立てられています。
それぞれの言葉と言葉の関係（かんけい）をとらえやすくするために文図があります。

〈例〉赤い　パプリカは、ゆ入された　野菜（やさい）です。

〈文図〉

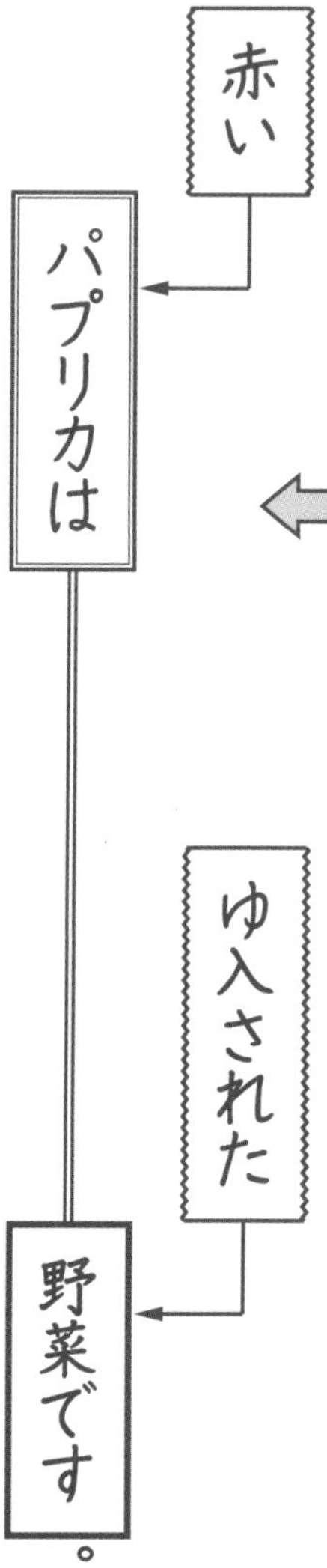

次の文を文図に表しましょう。

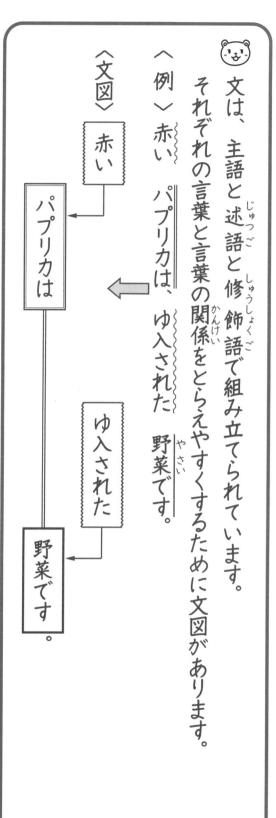

① わたしの　父は、バスの　運転手です。

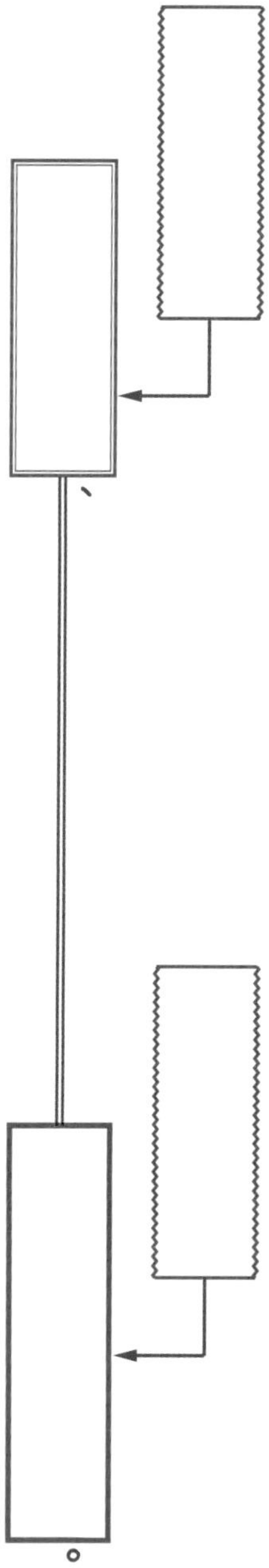

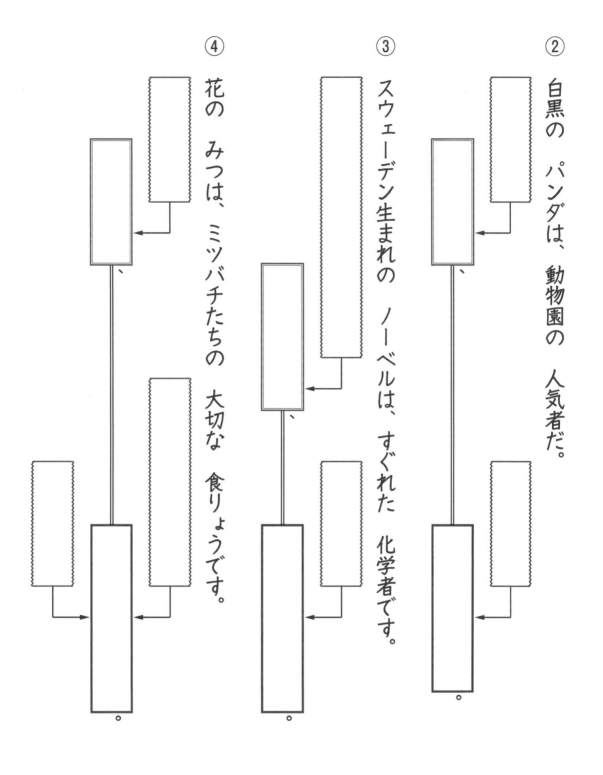

②　白黒の　パンダは、　動物園の　人気者だ。

③　スウェーデン生まれの　ノーベルは、　すぐれた　化学者です。

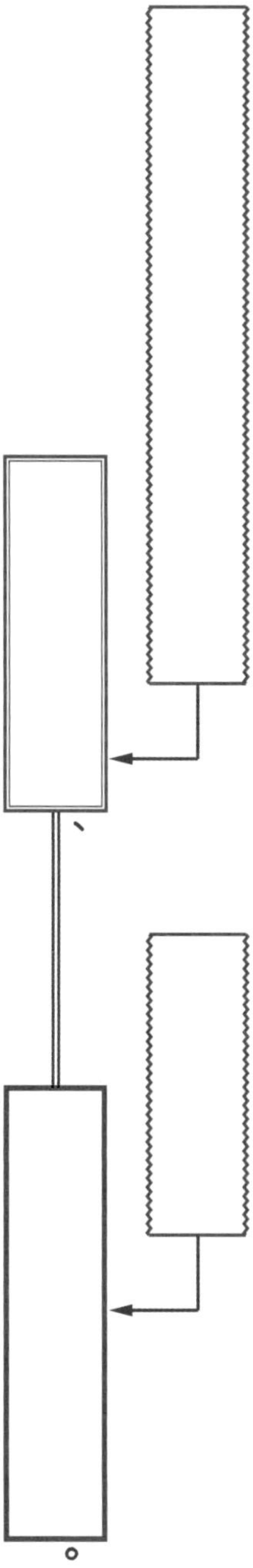

④　花の　みつは、　ミツバチたちの　大切な　食りょうです。

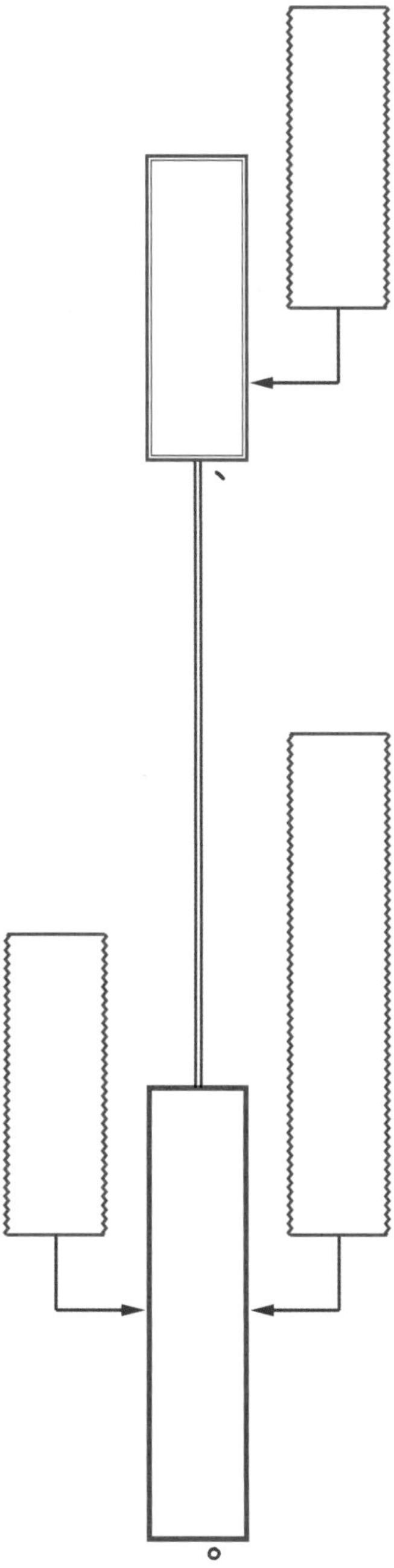

文の組み立て ②（まとまった修飾語）　ワーク②

名前

月　日

いくつかのまとまった言葉や文が他の言葉を修飾（しゅうしょく）することがあります。主語・述語（じゅつご）・修飾語の関係（かんけい）がよくわかるように文図に表しましょう。

〈例〉二十年ほど前からゆ入され始めたパプリカは、新しい野菜（やさい）です。

〈文図〉

二十年ほど前から → ゆ入され始めた → パプリカは、

新しい → 野菜です。

1 次の文の主語に═══、述語に───、まとまった修飾語に〰〰を引きましょう。

① ベルのような　形をしている　パプリカは、　少し　大きいです。

② うらの　空き地に　大きな　マンションが　建つようだ。

② 次の文の主語に═══、述語に───、まとまった修飾語に～～～を引きましょう。
修飾語や二語以上（いじょう）の言葉のまとまりが修飾している部分を文図に表しましょう。

① 東北地方の　ニホンザルは、最も　北方に　すんでいる。

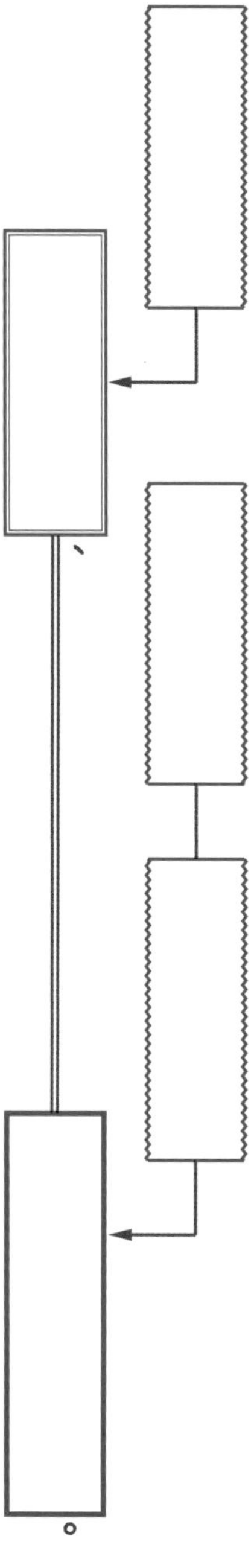

② けん玉は、ふく数人でも　楽しめる　み力的な　遊びです。

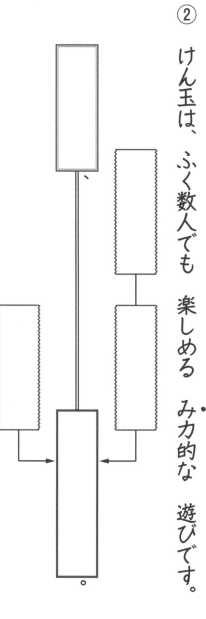

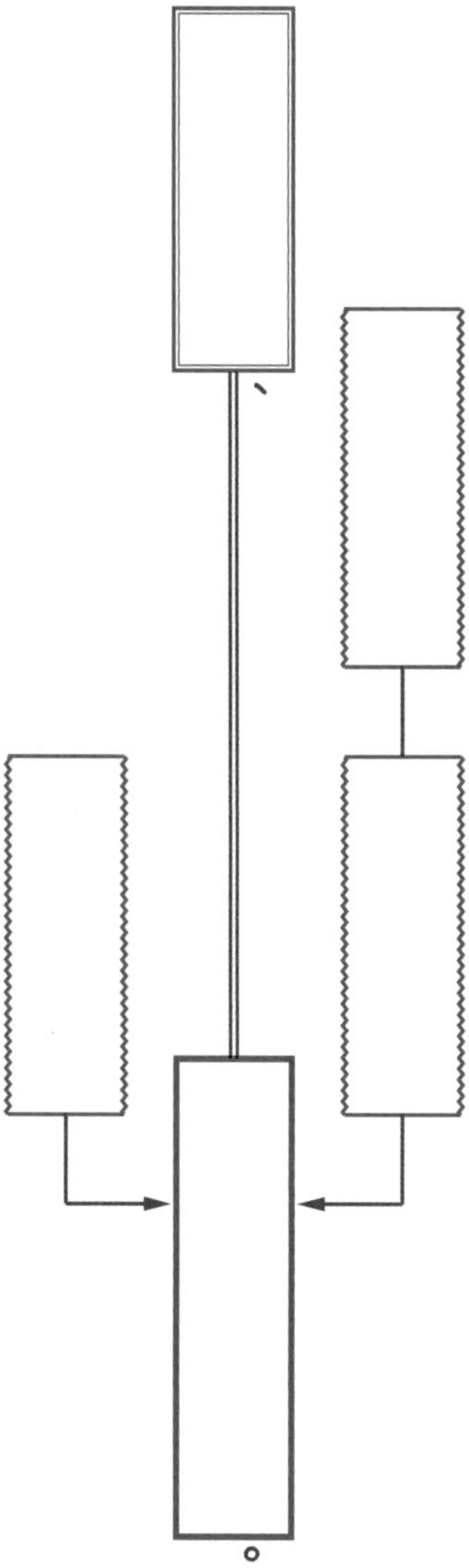

文の組み立て ②（まとまった修飾語）

ワーク③

名前　　　　　月　　日

1 次の文で主語の□や述語(じゅつご)の□の言葉をくわしくしている修飾語(しゅうしょくご)に〜〜を引き、修飾している言葉に┐をかきましょう。

① 電車が　ホームに　**とう着する**。

② にわとりは、コケコッコーと　**鳴く**。

③ 三さいの　**弟が**　えんえん　泣(な)く。

④ 井戸(いど)の　中の　冷(つめ)たい　**水は**　おいしい。

⑤ かみなりが　とつぜん　ゴロゴロと　**鳴る**。

⑥ 七色の　あざやかな　**にじが**　美しい。

⑦ 池に　たくさんの　**カエルが**　いる。

2 次の文で主語の□や述語の□の言葉をくわしくしている修飾語を□に書きましょう。

① ぼうしを　かぶった　せの　高い　女の子が　歩いて　来ました。

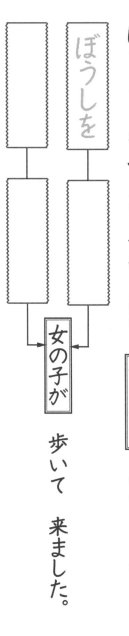

ぼうしを　□
□　□
女の子が　歩いて　来ました。

② 大切な　友達（ともだち）の　写真を、見せて　もらった。

□
□
写真を、見せて　もらった。

③ みんなで　今年（ことし）の　春に　まいた　ヒマワリが　芽（め）を　出しました。

□　□
□
まいた　ヒマワリが　芽を　出しました。

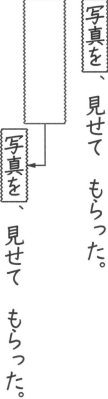

文の組み立て ②（まとまった修飾語）

おさらい

名前

月　日

次の『雪国のサル「スノーモンキー」』を読んで、後の問いに答えましょう。

㋐東北地方にすむニホンザルは、サルの仲間（なかま）でもっとも北方にすむものです。

海外ではスノーモンキーとよばれてとても人気があります。

雪にとりかこまれた温せんにつかっていたり、たき火にあたったりしているところ㋑が写真や動画などでしょうかいされて有名になりました。

このサルはしっぽが短いのですが、しっぽが長いオナガザルの仲間でした。しかし、寒い地方でくらすうちに、体温がうばわれないように短くなったと考え

(1) ㋐は、海外では何とよばれていますか。

（　　　　　　　　）

(2) ㋑は、なぜですか。

（　　　　　　　　）、

（　　　　　　　　）

がしょうかいされたから。

(3) ニホンザルは、何の仲間でしたか。

（　　　　　　　　）

られています。

　ニホンザルは、ヒトと同じように季節にあわせて、いろいろなものを食べます。

　春は新芽や花、夏はこん虫やくだもの、秋は木の実やイモ、あまり食べ物のない冬は、㋒草の根や木の皮を食べます。

　海辺では魚や貝、海そうも食べています。イモをあらって食べたり、海水で味つけをしたり、食べる工夫もします。

　ヒトと同じく、指先が発達していて、細かい物をつまんだり、皮をむくこともできます。

　また、両目が顔の前についていて、きょりが正かくにわかるので、木から木へと飛びうつったり、虫をぱっと手でつかまえたりもできます。

　とても㋓ヒトに近い動物です。

(4) ニホンザルのしっぽが短くなったのはなぜですか。

□ようにするため。

(5) ㋒を食べるのは、どんなときですか。

（　　　　）

(6) どんなところが㋓ヒトに近いと見られていますか。まとめて二つ答えましょう。

・（　　　　）

・（　　　　）

名前

月　日

1 次の『すき焼き』を読んで、後の問いに答えましょう。

肉料理で人気のあるすき焼き。

㋐この名前は、なべの代わりに農具の「すき」を使ったことから名づけられました。元は、野鳥やイノシシ、シカの肉を野外で焼いていた料理だと言われています。

㋑それが明治時代になって、全国で牛肉が食べられるようになり、日本どく特の牛肉のなべ料理が生まれました。この料理は、しょうゆ、さとう、みりんや酒で味つけをします。

関東では牛肉のうす切りに、ネギ、とうふ、しらたきなどの具材を加えて、なべでにます。関西では牛肉などの具材を焼いてから、なべでにます。

(1) ㋐は、何のことですか。

（　　　　）

(2) すき焼きとして、牛肉のなべ料理の元になった㋑は、どんな料理でしたか。

（　　　　）焼いていた料理。

(3) 関西のすき焼きの作り方を書きましょう。

（　　　　）

② 次の『ウグイスのすみか』を読んで、後の問いに答えましょう。

伊豆諸島や三宅島にすむウグイスの巣のある高さが、以前の高さより三倍も高くなっていることがわかりました。

㋐これは、たまごやひなをおそうイタチがいるためだとみられています。

㋑この動物は、農作物を食いあらすネズミをたい治するために、人間が持ちこんだものです。㋒その役目を果たしているかれらですが、ウグイスにとってはめいわくな話です。

しかも、巣を高くしたことで、反対に空から見えるようになり、カラスにおそわれるようになりました。

自然のしくみはふくざつで、なかなか人間が思ったようにはなってくれません。

(1) ㋐これは、何を指していますか。

（　　　　）

(2) ㋑この動物とは、どんなイタチのことを指していますか。

（　　　　）

(3) ㋒は、どのような役目ですか。

（　　　　）

指示語

ワーク①

名前

月　日

指示語(しじご)は、文章でくり返される言葉や文を言いかえて読みやすくする言葉です。

〈読み取り方〉

㋐ 指示語の指しているものは、多くの場合その語より、前に書かれている。

㋑ 指示語は、単語(たんご)、ふく数のまとまった語句、文、だん落全体などを指すこともある。

㋒ 指示語が指していそうな言葉をその文にあてはめて読んでみるとわかる。
語句や文の場合は文末(ぶんまつ)の形も変(か)えてみる。
〈例〉「～こと、～だ、～の」など。

	物事	場所	方向	様子
こ	これ この	ここ	こちら こっち	こんな こう
そ	それ その	そこ	そちら そっち	そんな そう
あ	あれ あの	あそこ	あちら あっち	あんな ああ
ど	どれ どの	どこ	どちら どっち	どんな どう

こ↓話し手近くにあるものを指す。
そ↓聞き手の近くにあるものを指す。
あ↓話し手からも聞き手からも遠くのものを指す。
ど↓指すものがはっきりしないもの。

次の文の指示語は、何を指していますか。書いた言葉を指示語にあてはめてたしかめて（　）に書きましょう。

① 鉄でできたゾウのちょ金箱がある。**これ**は、しっぽを引くとコインが入るようになっている。

（　　　　）

② ラクダのこぶには、しぼうがたくわえられている。**この**しぼうが、日光の熱(ねつ)をさえぎる働(はたら)きをする。

（　　　　）

③ ムササビは、シイやカシなどのわか葉や木の実をさがす。**それら**は、ムササビの大好物(だいこうぶつ)なのだ。

（　　　　）

④ 植物は日光と水をえています。**これら**をえることで、養分(ようぶん)を作って生きていけます。

（　　　　）

指示語　ワーク②

名前

月　日

1 次の文はどういうときの言い方ですか。□からあてはまるものを選（えら）んで書きましょう。

① どこがぼくの席（せき）ですか。（　　）
② ここがぼくの席です。（　　）
③ あそこがぼくの席です。（　　）
④ そこがぼくの席です。（　　）

㋐ 席が聞き手の近くにあるとき
㋑ 席がぼくの近くにあるとき
㋒ 席がどちらにも遠いところにあるとき
㋓ 席がどこにあるかわからないとき

2 次の（　）にあてはまる言葉を□から選んで書きましょう。

① 向こうの（　　）山まで歩こう。
② あなたの足元の（　　）花はきれいね。
③ あの人は（　　）の国の選手（せんしゅ）だろう。
④ （　　）風に言わなければよかった。
⑤ 約束（やくそく）の場所は（　　）だよ。

どこ
あんな
その
ここ
あの

③ 次の文の――は何を言いかえていますか。□に書きましょう。

① 向こうにある高いビル。あれが父の会社だ。

② 新しいサッカーボール。これがぼくのたから物。

③ 大好き（だいす）きないちごケーキがあるね。それを五つください。

④ 三丁目の公園で、父とよく遊んだ。あそこが一番広かった。

⑤ 一か月前の試合（しあい）でヒットを打った。あの試合はわすれない。

（　　　）の

⑥ あなたのつくえの下に黒いえんぴつが落ちました。それを取ってください。

⑦ 赤い花や黄色い花がたくさんさいています。どちらも本当にきれいだ。

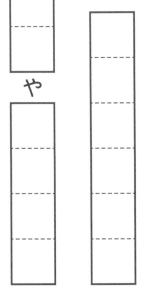

（　　　）や（　　　）

指示語　ワーク③

名前

月　日

文章中の指示語が言いかえている言葉は単語だけでなく、まとまった言葉や文全体の場合もあります。予想した言葉を、指示語にあてはめて読んでみて、うまく文が続かないときは文末を変えてあてはめてみましょう。

次のいろいな文章を読んで、後の問いに答えましょう。

Ⓐ　動物園でせなかにかわいい子どもをおんぶしたコアラがよく見られます。㋐そのため、子守りグマともよばれます。

Ⓑ　インドで、牛のフンから作ったねん料で走るバスが運行し始めた。㋑このバスの運ちんは、とても安い。

(1)　㋐そのためとは、何をしていることですか。

（　　　　）

(2)　㋑このバスとはどんなバスですか。

（　　　　）

Ⓒ
こん虫には、エビやカニ、魚などにおとらないすぐれた栄養(えいよう)がある。
しかも、その味はエビやカニにまけないそうだ。
さらに、いつも人間の近くにある。
㋒このように、大変(たいへん)人間に都合のよい食べ物がこん虫食なのだ。

Ⓓ
節分(せつぶん)には、イワシの頭をひいらぎのえだにさして家の門にかざる「節分イワシ」とよばれるものがある。
㋓これは、イワシのにおいとおにの目をつくと言われるひいらぎのトゲで、おにを追い出すというものだ。

(3) ㋒このようにが指している、こん虫食の都合が良いところを三つ書きましょう。

・（　　　　）
・（　　　　）
・（　　　　）

(4) ㋓これとは、何のことですか。

（　　　　）

指示語

おさらい

名前

月　日

次の『いろはたんてい』を読んで、後の問いに答えましょう。


「いろはたんてい」は、最近、わたしのクラスではやっている遊びです。

㋐この遊びは、まず全員を二組に分けます。

「いろはにほへとちりぬ（ぬすっと！）るをわかよた（たんてい！）」

と、一人ひとりをいろは歌で数え、「ぬ」に当たった人は「ぬすっと」、「た」に当たった人は「たんてい」となります。

「用意、ドン！」の合図で、ぬすっとたちは一目散ににげていきます。

たんていは五十数えおわると、ぬすっとを追いかけられますが、㋑そのときにとても

(1) ㋐この遊びとは、なんという遊びですか。

（　　　　）

(2) ㋐の遊びでは、まず、何をしますか。

（　　　　）

(3) ㋑のときとは、どんなときですか。

（　　　　）

変わった数え方をします。

「ぼうさんがへをこいた」

㋒これを一回読むと十数えたことになり、五回くり返して五十とします。秒数ではないので、どれだけ早口で数えるかもおもしろいのです。

たんていは全力でぬすっとを追いかけ、ぬすっとのせなかに三回連続(れんぞく)タッチするとつかまえられます。が、㋓どの子も必死(ひっし)ににげるので、あと一回というところでにげられてしまうこともあります。

ぬすっとと全員をつかまえると、たんていはぬすっとになります。

［㋔］遊びをしていると、あっという間に休み時間がおわってしまいます。

(4) ㋒これを五回くりかえしてとありますが、何をくりかえしますか。

（　　　　　　　　　　）

(5) たんていは、どのようにするとぬすっとをつかまえることができますか。

（　　　　　　　　　　）

(6) ㋓どの子もとは、だれのことですか。

（　　　　　　　　　　）

(7) ㋔にあてはまる指示語(しじご)に○をつけましょう。

（あの　どの　この）

接続語 チェック

名前

月　日

1 次の『空を飛べる遊園地』を読んで、後の問いに答えましょう。

　生駒山の山ちょうにある遊園地。この遊園地の飛行とうは高さが三十メートルあり、国内で一番古いものだ。

　四つのアームにつり下げられた赤と青のゴンドラが、昔の複葉飛行機の形をしている。

　[　Ⓐ　]、この飛行機はふわりと持ち上がると、とうのまわりをぐるぐる回りながら空高く上っていく。

　[　Ⓑ　]、目の前に大阪平野が広がり、西の空かなたには遠く大阪湾も見える。

　風も心地よく、まるで空を飛んでいるような気分になれるのだ。

(1) この飛行とうはどんな特ちょうがありますか。二つ書きましょう。

・（　　　　　　　　）

・（　　　　　　　　）

(2) ⒶとⒷにあてはまる言葉を[　]から選んで書きましょう。

[そして　だから　すると　だが]

Ⓐ（　　　）　Ⓑ（　　　）

(3) 乗っている人は、どんな気分になりますか。

（　　　　　　　　）

2 次の『しおひがり』を読んで、後の問いに答えましょう。

春から夏にすなはまでよく見られる風景に、㋐しおひがりがあります。しおが引いたすなはまで、くま手などを使ってすなの中にもぐっているアサリなどの貝をほり出します。

[　Ⓐ　]、この貝の中で、少し㋒おもしろい貝にマテガイがあります。すなに開けた小さなあなにもぐっています。このあなを見つけたら、㋑塩(しお)を一つかみ入れてみましょう。

[　Ⓑ　]、おどろいた細長い体のマテガイが飛び出して顔を見せます。これをのがさずつかむのがおもしろいのです。

とれたマテガイは、焼(や)いてしょうゆにつけて食べるとおいしいですよ。

(1) ㋐しおひがりとは、何をとることを言いますか。

（　　　　）

(2) ㋑塩を一つかみ、マテガイのあなに入れると、どうなりますか。

（　　　　）

(3) ⒶとⒷにあてはまる言葉を[　]から選んで書きましょう。

Ⓐ（　　　　）　Ⓑ（　　　　）

なぜなら　たとえば　すると　また

接続語

ワーク①

名前

月　日

文と文、だん落とだん落をつなぐ言葉を接続語と言います。接続語には、文からどく立して使われるものがあります。（接続詞）

㋐ 後の文に予想通りの結果が続く。

（だから・それで・そこで・すると）

「ご飯を食べた。それから、肉を食べた。」


㋑ 後の文に予想外の結果が続く。

（しかし・けれども・ところが・だが）

「雨がふった。しかし、試合がある。」


㋒ 後の文にならべたり、付けたしたりする。

（そして・また・そのうえ・さらに）

「わたしの好物はすし。そして、焼き肉だ。」


㋓ 前と後の文でどちらかを選ぶ。

（それとも・または・あるいは）

「参観日は母、または、父が来る。」


㋔ 前と後の文で理由やまとめを説明する。

（つまり・すなわち・ようするに）

「ウシは草を食べる。つまり、草食動物だ。」


㋕ 前の話題から別の話題に変える。

（ところで・さて・では・ときに）

「明日は休み。さて、予定はありますか。」

次の□にあてはまる接続語を□から選びましょう。

① 雪がふっている。□、登山は中止だ。

② 雨がふりました。□、試合は続きました。

③ わたしは牛どんが好き（す）だ。□、焼き肉も好きだ。

④ 参観日（さんかんび）には母、□、父が来る予定です。

⑤ ネコは肉を食べる。□、肉食動物だ。

⑥ 明日はお休みです。□、何か予定はありますか。

しかし
さらに
だから

ところで
つまり
または

接続語　ワーク②

名前

月　日

1 次の（　）にあてはまる接続語（せつぞくご）を□から選（えら）んで書きましょう。

① 雨がふった。（　　　）、水泳は中止だ。

② おなかがすいた。（　　　）、水しかない。

③ ステーキを食べたい。（　　　）、ケーキも食べたい。

④ テレビを見あきた。（　　　）、そろそろ勉強しようか。

⑤ サケは本来は白身の魚ですが、赤色をしています。（　　　）、赤色の色そをもつエビやカニの子を食べるからです。

⑥ けがをした。（　　　）、かぜまでひいてしまった。

それに
では
だから
しかし
なぜなら
そのうえ

2 接続語には、二つの文をつなぐためにくっつきとしてつけて、一文にするものがあります。あてはまる接続語を□から選んで書きましょう。

① 雨がふっている。
なので、体育は中止だ。
↓
雨がふっている（　　　）、体育は中止だ。

② しっかりふく習した。
しかし、点数は良くなかった。
↓
しっかりふく習した（　　　）、点数は良くなかった。

③ 兄は足が速い。
そのうえ、泳ぎもうまい。
↓
兄は足が速い（　　　）、泳ぎもうまい。

④ ケーキを食べた。
それから、まんじゅうを食べた。
↓
ケーキを食べて（　　　）、まんじゅうを食べた。

から　けれど　し　ので

接続語

ワーク③

名前

月　日

長い文章は、いくつものだん落からできています。そのだん落をつなぐために、接続語が使われています。

次の文にあてはまる接続語を[　]から選んで[　]に書きましょう。

① 草食動物をつかまえて食べる肉食動物のライオンは、飛びかかってかみつく大きなキバ（犬歯）を持っています。
一方、にげる草食動物の歯は、草などを時間をかけてすりつぶして食べるため、平らで大きい歯（奥歯）が発達しています。
[ア]、食べるか、食べられるかで歯にかぎらず多くのちがいがあるのです。

肉食動物の歯

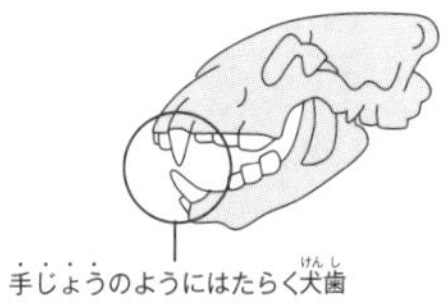

草食動物の歯

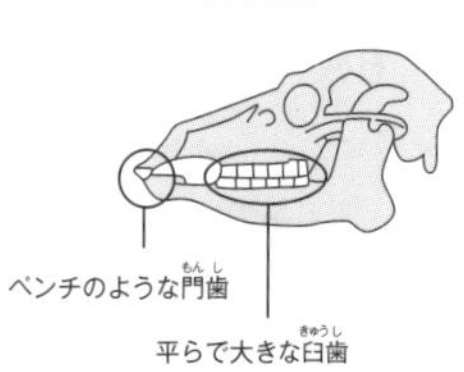

ところが
このように
そして

[　]

② 東北地方のニホンザルは、世界中のサルの中で最（もっと）も北にすんでいます。このサルは、昔はしっぽの長いオナガザルの仲間（なかま）でした。［イ］、寒い地方に長くくらしているうちに、体温がうばわれないようにしっぽが短くなったようです。

③ サルは、両目が顔の前にならんでついているので、木から木へと飛びうつったり、飛んでいる虫をぱっとつかまえたりできます。［ウ］、ヒトと同じく、手に指（し）もんや手相があり、皮をむくなど細かい作業ができます。イモをあらって食べたりもします。

④ たんていは全力で走って、ぬすっとたちをつかまえにいきます。ぬすっとは、せなかに三回続（つづ）けてタッチされるとつかまったことになるのですが、ぬすっとも必死（ひっし）でていこうします。［エ］、後少しというところでよくにげられます。

そして
また
ところが

［　］

すると
しかし
そのうえ

［　］

しかし
なぜなら
だから

［　］

接続語

おさらい

名前

月　日

次の『との様とタイの塩焼き』を読んで、後の問いに答えましょう。

　昔むかし、とてもわがままなとの様がいました。

　㋐このとの様はタイの塩焼きが大好物で、他にごちそうがあっても、必ずタイの塩焼きをほしがるのでした。

　Ⓐ、㋑大好きといっても、ほんの二、三口はしをつけるだけで、ほとんど残してしまいます。

　㋒ところがある日、との様はタイの表側を食べ終わると、家来に言いました。

「今日のタイはとてもおいしい。すぐに代わりを持ってこい。」

　さあ、とつぜんのことに家来たちはおど

(1) ㋐は、どのような人ですか。

（　　　　　　　　　　）

(2) ⒶとⒷにあてはまる接続語を□から選んで書きましょう。

Ⓐ（　　　　）　Ⓑ（　　　　）

そして　また　だから　しかし

(3) ㋑とありますが、との様はいつもタイをどうしますか。

（　　　　　　　　　　）

ろきました。タイは、との様が食べた一ぴきしかなかったからです。

おろおろしていると、㊁一人の家来が
「かしこまりました。すぐにお持ちいたします。」

と言って、タイの乗っているお皿を持ってろうかに出るなり、すばやくタイをうら返しました。

Ⓑ、そのまま部屋にもどって、

「おかわりを持ってきました。」

と、との様に言ったのです。

「うむ、早かったな。」

何も知らないとの様は、これを新しいタイだと思って、二、三口はしをつけると、

「よいよい。このタイは、さっきのよりおいしいぞ。」

と言って、㊅にっこり笑ったということです。

(4) ㊀とありますが、との様がいつもとちがったところは何ですか。

（　　　）

(5) ㊁一人の家来は、どうしましたか。

（　　　）

(6) との様が㊅にっこり笑ったのはなぜですか。

（　　　）

文を分けたり・あわせたり

チェック

名前

月　日

1 次の『おにごっこのいろいろなルール』を読んで、後の問いに答えましょう。

㋐おにごっこは、おにがにげる人を追いかけます。㋑そして、にげている人にタッチすると、おにを交代します。

［㋒］、タッチされた人を次々とおににしていく「ふえおに」や、つかまった人がその場でこおって止まる「こおりおに」もあります。

また、高い場所はおにがつかまえることのできない場所とする「高おに」などもあります。

(1) ㋐と㋑の文を一つの文にまとめましょう。

おにごっこは、おにが（　　　）を（　　　）、（　　　）に（　　　）すると、おにを（　　　）。

(2) ㋒にあてはまる接続語(せつぞくご)を［　］から選(えら)んで書きましょう。

（　　　）

［ところが　そして　それで］

② 次の『クジラのしおふき』を読んで、後の問いに答えましょう。

クジラが、一回のこきゅうで海にもぐれる時間はとても長い。二十分から、ときには九十分にもおよぶ。

長い年月の水中生活で、さんそのとり方が発達（はったつ）したのである。

マッコウクジラなどは、九十分の間に海中二〇〇〇メートルの深さまでもぐると言われている。

クジラのはく息は「しおふき」ともよばれ、六メートルもの高さまで海水をふき上げることがある。

これは、鼻が頭上にあり、しかも二つのあなが一つにまとまっているので、いきおいが強くなるのだ。

(1) ㋐の時間はどれくらいですか。

（　　　）

(2) ㋑の文を二つの文に分けましょう。

（　　　）

（　　　）

(3) ㋑のようにできるのは、なぜですか。

（　　　）

文を分けたり・あわせたり

ワーク①

名前

月　日

文には、主語と述語が一組ある文と二組以上ある文があります。

主語と述語が一組

夏がやってきた。プールの冷たい水が気持ちよかった。

主語と述語が二組以上

Ⓐ 夏がやってきて、プールの冷たい水が気持ちよかった。

Ⓐ主語・述語の入った文が、後の文を修飾。

Ⓑ 姉が作ったカレーは少しあまかった。

Ⓑ主語・述語の入った文が、主語を修飾。

Ⓒ わたしは、弟が野球をしているのを見ていた。

Ⓒ主語・述語の入った文が、述語を修飾。

Ⓓ 兄が、母が育てたブドウを食べた。

Ⓓ主語・述語の入った文が、修飾語を修飾。

次の一つの文を二つの文に分けましょう。

① 台風がたくさん雨をふらせたけれど、川の水はにごっていない。

② 夕食の時間になったのに、弟はまだ帰らない。

③ ペリカンの漁(りょう)はたくみで、十羽くらいの仲間(なかま)で協力(きょうりょく)します。

④ ヤドカリの体は貝がらに入っていて、とてもやわらかい。

文を分けたり・あわせたり

ワーク②

名前

月　日

二つの文を組み合わせて、一つの文にします。
例文（れいぶん）の㋐と㋑を組み合わせると、Ⓐ〜Ⓒの文のように組み合わせることができます。

例文

㋐ ラクダは、かんそうしたさばくにすんでいる。
㋑ そのラクダは、暑さに強い。

㋐と㋑の文を組み合わせる。

Ⓐ ［ラクダは］、かんそうしたさばくに［すんでいて］、暑さに［強い］。

Ⓑ ［かんそうしたさばくにすんでいる］［ラクダは］、暑さに［強い］。

Ⓒ ［ラクダは］［暑さに強い］、かんそうしたさばくに［すんでいる］。

次の二つの文を一つの文にあわせましょう。

① キリンの首は長いです。
そして、足も長いです。

（　　　　）

② 昨日(きのう)のカレーはからかった。
ところが、今日のはもっとからい。

（　　　　）

③ 秋になりました。
赤いトンボがたくさん飛(と)び始めました。

（　　　　）

④ 弟がサッカーをしていた。
わたしは、弟のシュートを見た。

（　　　　）

文を分けたり・あわせたり

おさらい

名前

月　日

次の『ラクダは「さばくの船」』を読んで、後の問いに答えましょう。

ラクダはさばくのような水の少ないかんそう地帯にすむ動物である。

今、西アジアから中央アジアにかけて二種類のラクダがいる。

Ⓐラクダは水を飲まずに数日間はたえるので、「せなかのこぶの中に水をたくわえている」と思っている人が多い。が、実はこぶの中にはしぼうが入っている。このしぼうが、日光の熱をさえぎり、体温が上がるのをふせいでくれる。

Ⓑラクダは、水を一度に八十リットルも飲

(1) ラクダはどんな土地にすんでいますか。

（　　　　）

(2) Ⓐの一つの文を二つの文に分けましょう。

（　　　　）

（　　　　）

(3) せなかのこぶのしぼうには、どんな働きがありますか。

（　　　　）

むことができる。それもあって、かんそうにたえられる体になっている。

　このこぶは、産まれたてのラクダにはなく、成長するにつれてせなかにしぼうがたくわえられていくのだ。

　また、多くのすなあらしから身を守るため、鼻のあなをとじることができ、目には長いしっかりとしたブラシのようなまつげがついている。

　ひざの皮ふが大変ぶあつく、熱く焼けたすな地にひざを折り曲げてすわり、長時間休むことができる。

　文明が発達しても、暑いさばくで、たくさんの荷物を運んでくれるラクダは、「さばくの船」とよばれている。

(4) Ⓑの二つの文を一つにまとめましょう。

(　　　　　　　　　　)

(5) すなあらしから身を守るための、顔にある特ちょうを二つ書きましょう。

・(　　　　　　　　　　)
・(　　　　　　　　　　)

(6) ラクダがさばくの船とよばれるのはなぜですか。

(　　　　　　　　　　)

文の要約

チェック

名前

月　日

1 次の『道案内する鳥』を読んで、後の問いに答えましょう。

㋐ セキレイは、川や池など水辺にすむ鳥で、体は細くて、おが長く、とてもきれいです。

㋑ 波をえがくように飛んで、地面や空中にいる虫をとって生きています。

㋒ この鳥は、人間をこわがらないで、すぐ近くまでよってきます。

㋓ そして、人が歩く前をまるで道案内でもするようにおを上下にふりながら、右、左に飛びはねてトコトコと歩くのです。

(1) ㋐の一つの文を短くまとめましょう。

セキレイは、（　　　　　　）にすむ鳥で（　　　　　　）です。

(2) ㋒の文でセキレイは人間のことをどう感じているように書いていますか。

（　　　　　　）。

(3) ㋒の文をくわしくしている文を㋓の文からさがして短くまとめましょう。

（　　　　　　）を、（　　　　　　）と歩きます。

2 次の『かくれるこん虫』を読んで、後の問いに答えましょう。

㋐ 鳥は、草むらにすむたくさんのこん虫を食べて生きています。

㋑ 鳥は、とても目が良くて、動くこん虫を見つけてとらえます。

㋒ そこで、草の中にすむこん虫は緑色に、かれ草や木、土の上などにすむこん虫は茶色にと、体の色をまわりの色にあわせてかくれています。

㋓ これでは、鳥もかんたんに見つけることができません。

(1) ㋐の一つの文を短くまとめましょう。

鳥は（　　　　　　　　）て生きています。

(2) ㋑鳥はなぜこん虫をたくさんとらえられますか。

（　　　　　　　　）。

(3) ㋒の一つの文を短くまとめましょう。

（　　　　　）は、（　　　　　）を（　　　　　）にあわせてかくれています。

文の要約

ワーク①

名前

月　日

その文の中心となる主語・述語と重要な修飾語を見つけて短くまとめることを要約といいます。例文では、しっぽが短い理由が重要です。

〈例〉オナガザルの仲間だったニホンザルは熱をのがさないように、しっぽが短くなった。

短くまとめて要約する。

ニホンザルは熱をのがさないように、しっぽが短くなった。

次の『コアラの赤ちゃん』を読んで、それぞれの文の中心になる主語に＝＝、述語に――を引き、重要な修飾語を考えて下の要約文を完成させましょう。

Ⓐ　コアラにもカンガルーと同じようにおなかに、赤ちゃんを育てるふくろがあります。

Ⓐ　コアラにもおなかに、（　　　　）ふくろがあります。

Ⓑ　小指より小さい生まれたばかりの赤ちゃんは、すぐにお母さんのおなかのふくろまではい上がります。

Ⓒ　赤ちゃんは、ふくろの中でおちちを飲んで、少し大きくなると、ふくろからかわいい顔を出します。

Ⓓ　赤ちゃんがさらに大きくなると、自力でふくろから出てせなかにおんぶされに行きます。

Ⓔ　コアラはほとんどの時間をユーカリの木の上でくらします。だから、手足には、木のえだをしっかりつかめるように、つめのついた五本の指があります。

Ⓑ　（　　　）赤ちゃんは、（　　　）まではい上がります。

Ⓒ　赤ちゃんは、（　　　）、（　　　）を出します。

Ⓓ　赤ちゃんは、（　　　）、（　　　）おんぶされに行きます。

Ⓔ　コアラは、（　　　）くらすので（　　　）、木のえだをつかむ（　　　）があります。

文の要約

ワーク②

名前

月　日

一文が長くても気をつけることは同じです。次のことに気をつけて短くまとめましょう。

① 主語・述語に線を引きます。

② いくつかあるときには、どれが中心なのか考えます。述語は文末のものが重要であることが多いです。

③ ①と②で選んだ言葉をさらにくわしくしている重要な修飾語を選びます。

次の『農家とツバメ』を読んで、それぞれの文の中心になる主語に═══、述語に──を引き、重要な修飾語を考えて下の要約文を完成させましょう。

Ⓐ 春になると、田畑にはエサになる虫がたくさんいるので、ツバメがたくさんやってきます。

Ⓐ 田畑には、（　　　　）がいるので、（　　　　）が（　　　　）。

Ⓑ 農家の人たちは、ツバメが田畑の上を飛び回り、たくさんの害虫をとってくれることをよく知っています。

Ⓒ ツバメも、農家ののき下に巣を作れば、たくさんのてきがいる山に巣を作るより、安全だとわかっているようです。

Ⓓ また、農家の人は空を飛び回るツバメの様子から、あすの天気を予想していました。

Ⓔ このように、農家の人はツバメをよろこんでむかえ、巣作りの手助けをして大切にしてきたのです。

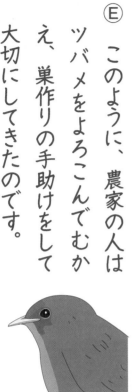

Ⓑ 農家の人たちは、
（　　　　）が（　　　　）を
（　　　　）をよく知って
います。

Ⓒ ツバメも、
（　　　　）に（　　　　）を
（　　　　）、（　　　　）だと、
わかっているようです。

Ⓓ 農家の人は
（　　　　　　　　）
を予想していました。

Ⓔ 農家の人は（　　　　）を
（　　　　）、（　　　　）
をして（　　　　）にしてきたのです。

文の要約

おさらい

名前

月　日

次の『日光をうばいあう植物』を読んで、後の問いに答えましょう。

動物は、食べることによって生きています。それに対して、植物は、自分で栄養(えいよう)を作って生きています。

㋐その ためには、日光と水がなくてはなりません。

では、その栄養を作るのに、どのようにしているのか、それぞれの植物の様子を見てみましょう。

水は、根をはった土からすい上げています。

それでは日光はどうでしょうか。

(1) ㋐そのは、何のことですか。

（　　　　　　　　）ため

(2) ㋑ヒマワリは、日光がとれるように、どのようにしていますか。

（　　　　　　　　）

(3) ㋒にあてはまる言葉を□から選んで(えら)（　）に書きましょう。

（　　　　　　　　）

だから　また　それから

㋑ヒマワリを真上から見ると、たくさんの日光をとれるように、それぞれの葉が重ならないように大きく外に広げています。

［㋒］、㋓他の植物とならんでいる植物は、日光をよりたくさんとるために、くきをのばして、他の植物よりもせを高くしています。

つるのある㋔アサガオなどはまわりの植物にまきついて、その上に自分の葉を広げ、日光をとります。

こうして植物はより元気に成長（せいちょう）するために、まわりの植物たちに負けないよう日光をうばい合っています。

(4) ㋓の文章を要約（ようやく）しましょう。

植物は、（　　　　）ために、

（　　　　）している。

(5) ㋔アサガオは、何をつかってまわりの植物にまきついていますか。

［　　］

(6) 植物は、何のためにまわりの植物と何をうばい合っていますか。

（　　　　）ため

だん落の要約

チェック

名前

月　日

次の『ヤドカリとイソギンチャク』を読んで、後の問いに答えましょう。

Ⓐ 海岸のよく目につくところで動いている貝がらがあります。よく見るとそれは貝ではなくヤドカリでした。

Ⓑ ヤドカリは、名前の通り空になった貝の貝がらを借りて、すんでいます。体がやわらかいので、かたい貝がらにとじこもっててきから身を守ります。

Ⓒ ヤドカリとイソギンチャクがくらしている様子を見てみましょう。

Ⓓ イソギンチャクは岩などにくっついていて、自分で動くことができません。し

(1) ⒶⒷⒹⒻの各だん落の中心になる主語に═══、述語に――を引きましょう。（主語がない文もあります。）

(2) Ⓐの中心の文を見つけて要約しましょう。

（　　　　　　）、貝ではなくヤドカリです。

(3) Ⓑの中心の文を見つけて要約しましょう。

ヤドカリは（　　　　　　）、

（　　　　　　）を守ります。

かし、ヤドカリに乗せてもらうと、あちこちに動くことができます。

Ⓔ　一方、ヤドカリは天てきのタコなどにおそわれても、イソギンチャクのとげの毒(どく)で守ってもらいます。

Ⓕ　ヤドカリは、岩場にイソギンチャクを見つけると、そこから、自分の貝がらにうつします。そして、新しい貝がらにうつるときにはイソギンチャクも新しい貝がらへとうつして連(つ)れていきます。

Ⓖ　このようにヤドカリとイソギンチャクの関係(かんけい)は共生(きょうせい)という「助け合い」が成(な)り立(た)っています。

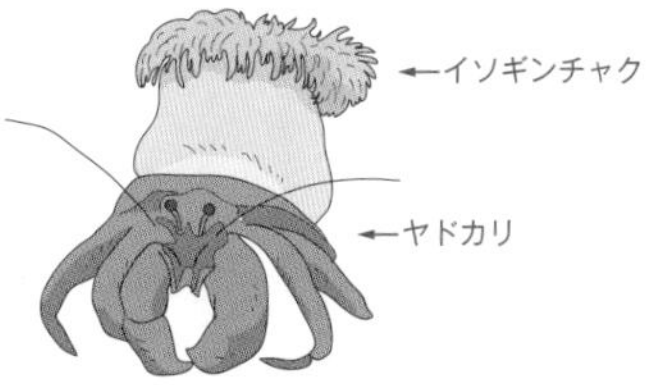

(4)　Ⓓの中心の文を見つけて要約しましょう。

イソギンチャクは（　　　）ないので、ヤドカリに（　　　）もらって（　　　）ができます。

(5)　Ⓕの中心の文を見つけて要約しましょう。

ヤドカリは、（　　　）を見つけると、（　　　）にうつし、新しい貝がらにうつるときには（　　　）いきます。

だん落の要約

ワーク①

名前

月　日

文章は、文のまとまりであるだん落からできていて、だん落には二つあります。

形式だん落……文の始めが一字分落としてあるところで形式的に分けただん落。

意味だん落……いくつかのだん落を意味としてまとまりがあるよう分けただん落。

【だん落ごとの要約の仕方】

① だん落の中から、中心となる述語を見つけ、それにあった主語を見つける。

② ①に関わる重要な修飾語を選ぶ。

※例えや具体的な例などの文は、省くかそれらをまとめる言葉を使う。

〈例〉「十羽くらいの仲間でU字がたにならび」→「仲間でU字がたにならび」

※「付け足し」の内ようや「言いかえ」ている言葉は、その元の言葉に意味があるので、その言葉に言いかえ直す。

〈例〉「この鳥」→「ペリカン」

※文章全体で何度も出てくる言葉をさがす。

〈例〉「下くちばし」など

次の『ペリカンの漁（りょう）』を読んで、だん落の中心となる主語に═══、述語に───を引き、重要な修飾語を考えて下の要約（ようやく）文を完成させましょう。

Ⓐ　ペリカンはとても大きな鳥で、その大きな下くちばしが特（とく）ちょうです。

Ⓑ　この鳥の漁はたくみです。十羽くらいの仲間（なかま）がU字がたにならび、大きな羽やくちばしでいっせいに水音を立てて、えものの魚を浅（あさ）せへと追いこみます。

Ⓒ　ペリカンはにげ場を失（うしな）った魚たちを、大きなふくろがついた下くちばしで水とともにすくい、魚だけを上手に食べます。

Ⓐ　ペリカンは（　　　　）で、（　　　　）が特ちょうです。

Ⓑ　ペリカンの（　　　　）はたくみで、（　　　　）で（　　　　）にならび、魚を（　　　　）。

Ⓒ　ペリカンは魚たちを、（　　　　）がついた（　　　　）ですくい、（　　　　）を食べます。

だん落の要約　ワーク②

名前

月　日

だん落の要約をした後、だん落ごとの題である「小見出し」をつけましょう。

① だん落の中から、中心となる述語を見つけ、それにあった主語を見つける。

② ①に関わる重要な修飾語を選ぶ。

③ 文章全体でくり返し出てくるキーワードなどを考え、文ではなく言葉にまとめると小見出しになります。

次の『カマキリ』を読んで、各だん落の中心となる主語に═══、述語に───を引き、重要な修飾語を考えて後の問いに答えましょう。

Ⓐ 秋も深まってくると、草原のかれたくきにスポンジのような茶色いものがくっついていることがある。

これは、カマキリが作ったあわのかたまりだ。

(1) この文章にくり返し出てくる言葉（キーワード）を四つ見つけましょう。

（　　　　）（　　　　）

（　　　　）（　　　　）

Ⓑ　このかさかさした茶色のかたまりの中に、二百こ近いたまごが入っている。
　これは、小さなたまごを一つずつ産みつけるだけだと、たちまち他の虫や鳥などに食べられてしまうためだ。
　そこであわのかたまりでつつむことで、大切なたまごをてきから守っている。

Ⓒ　このかたまりがスポンジのように働（はたら）き、外からの力からたまごを守り、あわの中の空気が外の寒さからも守ってくれる働きがある。

Ⓓ　このようにして、カマキリのたまごはてきから守られ、寒い冬をこす。
　そして、春には二百近いよう虫があわのかたまりの中のたまごからかえり、ぞろぞろと出てくるのだ。

(2)　だん落ごとのキーワードをまとめて「小見出し」にしましょう。

Ⓐ　カマキリの何について書いていますか。

（　　）の（　　　　）

Ⓑ　Ⓐに書いた物はどんな物ですか。

（　　　）を守る（　　　　）

Ⓒ　Ⓑの何について書いていますか。

（　　　　）の（　　）

Ⓓ　Ⓐ～Ⓒのまとめを書きましょう。

あわの（　　　　）に守られた（　　　）から、春には（　　　）が出てくる。

だん落の要約

おさらい

名前

月　日

次の『カエル』を読んで、後の問いに答えましょう。

　カエルには高いジャンプ力があることが知られています。

　カエルにはどうしてそんなジャンプ力があるのでしょう。

　それは、他の生物と戦(たたか)うときに、有こうになるぶ器(き)をほとんど持たないカエルにとって㋐戦いは「にげるが勝ち」だからです。にげ足の速さがカエルにとっては重(じゅう)要(よう)であり、その体はにげるスピードを速められるようなつくりになっているのです。

　[Ⓐ]、どのようにして高くジャンプ

(1) ㋐の理由は何ですか。その理由にあたる本文に〰〰を引きましょう。

(2) Ⓐ～Ⓒにあてはまる言葉を[　]から選(えら)んで書きましょう。

Ⓐ（　　　　）　Ⓑ（　　　　）

Ⓒ（　　　　）

[そのうえ　では　まず]

(3) ㋑はジャンプのときどう役立ちますか。

（　　　　　　　　　　）

するのでしょうか。

Ⓑ、「後ろ足の長さ」です。カエルの後ろ足は、前足にくらべると長くなっています。

そしてもう一つは、㋑カエルの足にある水かきです。この水かきは速く泳ぐためのものであると同時に、ジャンプのふみきりを強くするのにも役立っています。

Ⓒ、人間とちがい、カエルは体の各部位（かくぶい）とくらべて頭が軽いのです。

これらの特（とく）ちょうがあわさって、㋒カエルは高くジャンプすることができるのです。

(4) ㋒の理由を三つ書きましょう。

① カエルの［　　　］が［　　］から。

② カエルの足には［　　　］が［　　］から。

③ 人間とちがい［　］が［　　］から。

(5) この文章の題名として、最（もっと）もふさわしいもの一つに○をつけましょう。

① （　） カエルの戦い方

② （　） カエルのジャンプ力

③ （　） カエルの後ろ足

文章のはじめ・なか・おわり

チェック

名前

月　日

次の『日本の伝統「たこあげ」』を読んで、各だん落の内ようについて答えましょう。

Ⓐ

1 お正月にする遊びの伝統の一つに「たこあげ」があります。

2 では、日本で「たこあげ」が伝統になったのは、なぜでしょう。

Ⓑ

3 古文書によると、たこあげは千年ほど前に中国から伝わったようです。

4 当時、中国から伝わってきたたこあげの「たこ」は紙で作られた、まるで「鳥」がつばさをひろげたような形をしたものだったそうです。

(1) Ⓐはじめ 1・2

1「たこあげ」はいつ見られる風景ですか。

（　　　　）

2 この文は「はじめ」の中の何という役目ですか。

（　　　　）

(2) Ⓑなか 3・4・5・6

3 中国から伝わったのはいつごろですか。

（　　　　）

4 当時はどのような形でしたか。

（　　　　）

5 のちに、戦国(せんごく)の世になり、「たこ」は戦(いくさ)の重要(じゅうよう)な道具の一つとして、使(つか)われるようになりました。

6 たこの利用(りよう)は広く、上がり具合で戦の勝敗(しょうはい)を「うらない」、「のろし」の代わりに遠くの仲間(なかま)への合図としていました。

Ⓒ

7 世の中が落ち着いてきた江戸時代に和紙が手に入りやすくなると、「たこ」の数もふえ、お正月の遊びとなっていきました。

8 同じころうき世絵なども広まり、それがえがかれた「たこ」はとても美しく、まさに日本の良き伝統となりました。

5 何に使われるようになりましたか。

（　　　　）

6 どのように利用されましたか。

・（　　　　）

・（　　　　）

(3) Ⓒおわり 7・8

7 のころには、「たこ」はどうなっていきましたか。要点(ようてん)を書きましょう。

（　　　　）

8 筆者は何とまとめていますか。

「たこ」は（　　　　）、まさに（　　　　）となった。

文章のはじめ・なか・おわり

ワーク①

名前

月　日

文章は、いくつかの意味だん落の集まりで成り立っています。
後のだん落では、接続語や指示語を使って前のだん落の内ようを表すことも多いです。
説明文は、「はじめ」「なか」「おわり」の三つで成り立っています。
「はじめ」……話の初め。問いかけの文などが入る。
「な　か」……「はじめ」で話したことのつけたしやくわしい説明、具体例が入る。
「おわり」……それまでの文章を受けて、結論やまとめ、筆者の主張などが入る。

次の『コウモリ』を読んで、各だん落の重要な言葉を考え、意味だん落の要約をしましょう。（重要でないだん落は省くことがあります）

1 コウモリは、実はネコやイヌの遠い仲間です。

2 でも大きくちがうところがありま

(1) Ⓐはじめ（1・2・3）

1（　　　　　　　　　）なのに、

2 コウモリは空を飛ぶことができるが、

す。それは、コウモリは空を飛(と)び回(まわ)ることができるということです。

Ⓐ

3 では、なぜ飛ぶことができるのでしょう。

Ⓑ

4 コウモリの体をよく見ましょう。

5 体にかさのほねのような細いうでと、長い指、短い足がついています。

6 細いうでにはコウモリガサのようなうすいまくがついていて、このまくで飛んでいます。

7 このような体形なので体重はとても軽く、わずかに六グラムほどしかありません。

Ⓒ

8 コウモリには鳥のようなつばさはありませんが、これらの体のしくみで空を飛べるのです。

3 なぜ（　　　　）。

(2) Ⓑなか（4・5・6・7）

4 体をよく見ると

5 （　　　　）細いうで、長い指、短い足がついている。

6 （　　　　）が
（　　　　）いて、それで（　　　　）いる。

7 体重は（　　　　）、
（　　　　）ほどだ。

(3) Ⓒおわり（8）

8 コウモリは（　　　　）はないが、
（　　　　）飛べる。

文章のはじめ・なか・おわり

ワーク②

名前

月　日

文章全体の内ようを理解することで、各だん落を意味だん落で分けることができます。

〈例〉

Ⓐ	はじめ……（主題や問いかけ）	「こん虫の色」
Ⓑ Ⓒ	な　か……（はじめの説明（せつめい）や具体例）	「色を変（か）えて身を守り、えものをとらえる」
Ⓓ	おわり……（筆者の結論（けつろん）やまとめ）	「こん虫の生きるための方法」

次の『こん虫』を読んで、後の問いに答えましょう。

Ⓐ こん虫の色は、すむ場所の色とよくにている。
　緑の草むらにすむこん虫の色は緑色、川原にすむこん虫の色は、まわりの石や土の色によくにている。

(1) Ⓐ〜Ⓓを、「はじめ・なか・おわり」に分けましょう。

はじめ（　　　　）

なか（　　　　）

おわり（　　　　）

こん虫の多くは自分より強いこん虫や動物につねにねらわれている。中でも空からおそってくる鳥は一番のてきだ。

Ⓑ

まわりの色にとけこむことで、てきから自分の身を守っているのだ。

Ⓒ

しかし、こん虫も自分より弱いものを食べてもいる。

カマキリのように、まわりの色に身をかくし、うまくえものをとらえているものもいるのだ。

Ⓓ

まわりの色にかくれて身を守るのも、まわりの色にかくれてえものをとらえるのも、どちらも生きるための方法（ほうほう）だ。

(2) ⒶⒷⒸⒹを要約（ようやく）しましょう。

Ⓐこん虫の色は（　　　　）いる。

Ⓑまわりの色に（　　　　）で（　　　　）いる。

Ⓒまわりの色に（　　　　）、（　　　　）いる。

Ⓓまわりの色にかくれて身を（　　　　）のも、えものを（　　　　）のも、（　　　　）だ。

(3) この文章に最（もっと）もあう題はどちらですか。

①（　）こん虫のすむ場所と色

②（　）こん虫の生きるためのちえ

文章のはじめ・なか・おわり

おさらい

名前

月　日

次の『ヤドカリ』を読んで、後の問いに答えましょう。

1 ヤドカリは、貝がらを借りてくらしています。

2 体全体がとてもやわらかく、ぶ器もないヤドカリが、身を守るために選んだ方法がかたい貝がらをかぶることでした。

3 ところが、ヤドカリも成長します。

4 借り物の貝がらの中で、体が大きくなってくると、きゅうくつになってきます。

5 すると、ヤドカリは体にあう貝がらをさがし始めます。

(1) 意味だん落の要約文を完成させましょう。
（重要でないだん落は省きます）

Ⓐ はじめ（貝がらを借りる理由）

1 ヤドカリは、

2 （　　　　）ために
（　　　　）くらしている。

Ⓑ なか（ヤドカリの宿かえ）

3 ヤドカリも（　　　　）すると

4 （　　　　）くる。

5 すると、ヤドカリは
（　　　　）をさがし、

6 貝がらを見つけては、カラの大きさを外側（そとがわ）から内側まで、はさみでていねいに調べます。

7 カラをひっくり返して、中のすなをすてて、そうじもします。

8 そうして、良（よ）いものが見つかると、新しいすみかに宿かえをします。

9 しかし、何といっても、そこは借り物のカラです。

10 苦労（くろう）して入ったお気に入りのカラでも、強いヤドカリに貝がらをぶつけられたりして追い出されてしまうこともあるようです。

11 ヤドカリの借家（しゃくや）ずまいは苦労が多いようです。

---

6 （　　　）を
（　　　）べる。

8 （　　　）が、（　　　）と、
（　　　）に宿かえをする。

Ⓒ おわり（借家ずまいの苦労）

10 （　　　）入った（　　　）でも、
強いヤドカリに
（　　　）こともあり、

11 借家ずまいは
（　　　）ようだ。

(2) この文章に最（もっと）もあう題に○をつけましょう。

ア（　）ヤドカリの引っこし

イ（　）ヤドカリの体のやわらかさ

ウ（　）ヤドカリの苦労

タコの足の役目

名前

月　日

次の文章を読んで、後の問いに答えましょう。

　タコの頭がどこにあるか知っていますか。よく見ると、足のつけ根の近くに目と口があります。足は八本あって、そのすべてにきゅうばんがたくさんついています。

　このきみょうな足は、タコが生きるうえで、どのような役目を果たすのでしょうか。

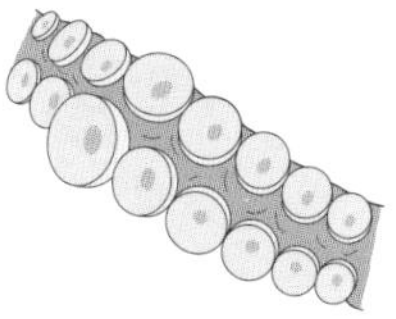

　㋐タコの体のほとんどはきん肉でできており、特に足は強い力を出すことができます。例えば、ミズダコというタコは、サメをしめ上げてころすことさえあります。

　この強い足で、主なえものとなるカニや

(1) タコの足の特ちょうを書きましょう。

（　　　　）

(2) ㋐タコの体のほとんどは何でできていますか。

（　　　　）

(3) タコの主なえものは何ですか。

（　　　　）（　　　　）（　　　　）

エビ、貝などをつかまえて、こうらや貝がらをこじ開けて食べるのです。

［㋑］、とてもかしこく、器用（きよう）に足を使（つか）うことができるので、びんのふたを上手（じょうず）に開けることもできます。㋒このとき、きゅうばんがびんのふたをしっかりつかむのに役立ちます。

きけんを感じたときは、㋓黒いスミをはいて、すがたをかくしてにげますが、それでもにげられないときは、㋔足を切りはなして身代わりにします。なおその足は、しばらくすると生えてきて元通りになります。

そんなタコには、足以外（いがい）にも、まだまだきみょうなところがあります。

図かんなどで調べてみましょう。

(4) ㋑にあてはまる言葉を［　］から選んで（　）に書きましょう。

［ しかし　なぜなら　また ］

（　　　　）

(5) ㋒このとき、何が何の役に立ちますか。

（　　　　）

(6) ㋓黒いスミをはくのは、どんなときですか。

（　　　　）

(7) ㋔の切りはなした足はどうなりますか。

（　　　　）

ラッコを知ろう！

名前　　　　月　　日

次の文章を読んで、後の問いに答えましょう。

㋐ラッコは、カワウソやビーバーなどと同じイタチの仲間（なかま）です。陸（りく）には上がらず、ほとんど海中ですごしています。その多くは、北海道の北にある千島列島（ちしまれっとう）やアラスカ沿岸（えんがん）などの冷（つめ）たい海中にすんでいます。

体長は一メートルほどで、長さが三十センチメートルほどの平らなしっぽをもっています。

全身には、㋑わた毛とよばれるフワフワの体毛が生えています。この毛に空気をふくむことで、冷たい海水から身を守ることができるのです。

(1) ㋐ラッコの仲間を書きましょう。

（　　　　）（　　　　）（　　　　）

(2) ㋐は、どこのどんなところにすんでいますか。

（　　　　）

泳ぎがあまりとくいでないラッコは、貝やウニなどの㋒つかまえやすいものを食べています。

また、ねむりにつくときには、海そうを体にまきつけて潮（しお）に流されないようにしています。

そんなラッコですが、水族館のショーなどで一番見たい場面は、貝などを食べるところでしょうか。

あお向けにうかんだまま、むねの上に石などを乗せて貝を打ちつけ、からがわれると中身を取り出して食べます。おなかの上に子どもを乗せながら、子育てするすがたも、㋓大変（たいへん）目をひきます。

(3) ㋑わた毛について、説明している文を短く書きましょう。

（　　　）が、

（　　　）守る。

(4) ㋒の理由を書きましょう。

（　　　）

(5) ラッコは、どのようにしてねますか。

（　　　）

(6) 何が㋓目をひきますか。

（　　　）

ウナギとアナゴ

名前

月　日

次の文章を読んで、後の問いに答えましょう。

ウナギとアナゴ。別（べつ）の生物だが、どちらもヘビのような細長い形をしていて、さわるとヌルヌルしている。

そして、どちらも栄養（えいよう）かが高い魚だ。

しかし、ちがう点もある。

まず、見た目がちがう。

ウナギは体にもようがないが、アナゴには体の左右や頭に白い点がならんでいる。

顔の形も少しちがう。ウナギは下あごが、アナゴは上あごが出ている。

さらに、おびれが丸いのがウナギで、おびれがとがっているのがアナゴだ。

(1) ウナギとアナゴの共通（きょうつう）しているところを三つ書きましょう。

・（　　　　）

・（　　　　）

・（　　　　）

(2) ウナギとアナゴの次のちがいについて書きましょう。

顔の形

ウナギ（　　　　）

アナゴ（　　　　）

それに、すんでいるところもちょっとちがう。

ウナギは川などにすんでいて、成魚（せいぎょ）になるとたまごを産（う）むために、海へくだる。それに対してアナゴは、生まれてからずっと海ですごす。


味もちがう。

こってりとした味わいが特（とく）ちょうのウナギにくらべると、アナゴはあっさりとしており、ほんのりあまいのだ。

一見にたものどうしだが、実はこれほどのちがいがあったのだ。

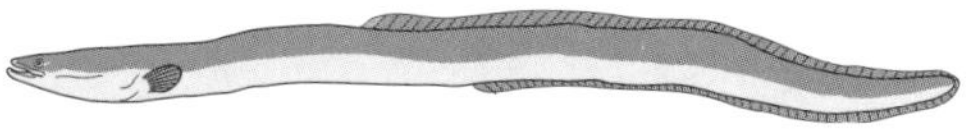

▲ウナギ

▲アナゴ

おびれの形

ウナギ（　　　　）

アナゴ（　　　　）

(3) ウナギとアナゴは成魚になるまで、どこで成長しますか。

ウナギ（　　　　）

アナゴ（　　　　）

(4) ウナギとアナゴの味を書きましょう。

ウナギ（　　　　）

アナゴ（　　　　）

ニホンカモシカ

名前

月　日

次の文章を読んで、後の問いに答えましょう。

㋐ニホンカモシカは、日本にだけすむ生き物です。中国地方以外の本州と、四国や九州の山地などのかぎられた場所で生息しています。

名前などからシカの仲間と思われがちですが、実はウシの仲間です。

ニホンカモシカがウシ科であることは、四つにわかれた胃があることと、㋑「反すう」するという特ちょうからもわかります。

「反すう」とは、一度胃に入れたものを胃から口へもどし、もう一度食べ直す食事方法です。

(1) ㋐は、どんな場所に生息していますか。

（　　　　）

(2) ㋐ニホンカモシカは、何科の動物ですか。

（　　　　）

(3) ㋑「反すう」は、どのような食事方法ですか。

（　　　　）

これは、急しゃ面などのきけんな場所から、安全な場所にうつった後に、ゆっくり食べ直すためです。

また、頭の㋒角はシカはオスに生えますが、ニホンカモシカはオスとメス、どちらにも生えます。

そんなニホンカモシカですが、実は世界から注目を集める動物です。

なぜかというと、氷河期（ひょうがき）を生きぬいためずらしい動物だからです。㋓中国へパンダのお返しとして、おくられたこともあります。

㋔この動物は、国の特別天然記念物（とくべつてんねんきねんぶつ）にも指定されている日本を代表する生き物なのです。

(4) ニホンカモシカの㋒角の生え方について書きましょう。

（　　　　　　　　）

(5) なぜ㋓中国にニホンカモシカがおくられたのですか。

（　　　　　　　　）

(6) ニホンカモシカは、何に指定されましたか。

（　　　　　　　　）

イリオモテヤマネコ

名前

月　日

次の文章を読んで、後の問いに答えましょう。

㋐イリオモテヤマネコは、沖縄県（おきなわけん）の西表島（いりおもてじま）にすむ野生のネコです。その数は約（やく）百頭ととても少なく、絶滅（ぜつめつ）のおそれがある生き物です。

島の周（まわ）りが約百三十キロメートルしかないので、世界で最（もっと）もせまい地いきにすむネコとも言われています。

このネコには、ふつうのネコにはない、能力があります。それは、水にもぐって泳ぐことです。そうすることで、川にいる魚をつかまえて食べることができます。

ネコはもともとさばくの生き物で、水浴（みずあ）

(1) ㋐の文を文図に表しましょう。

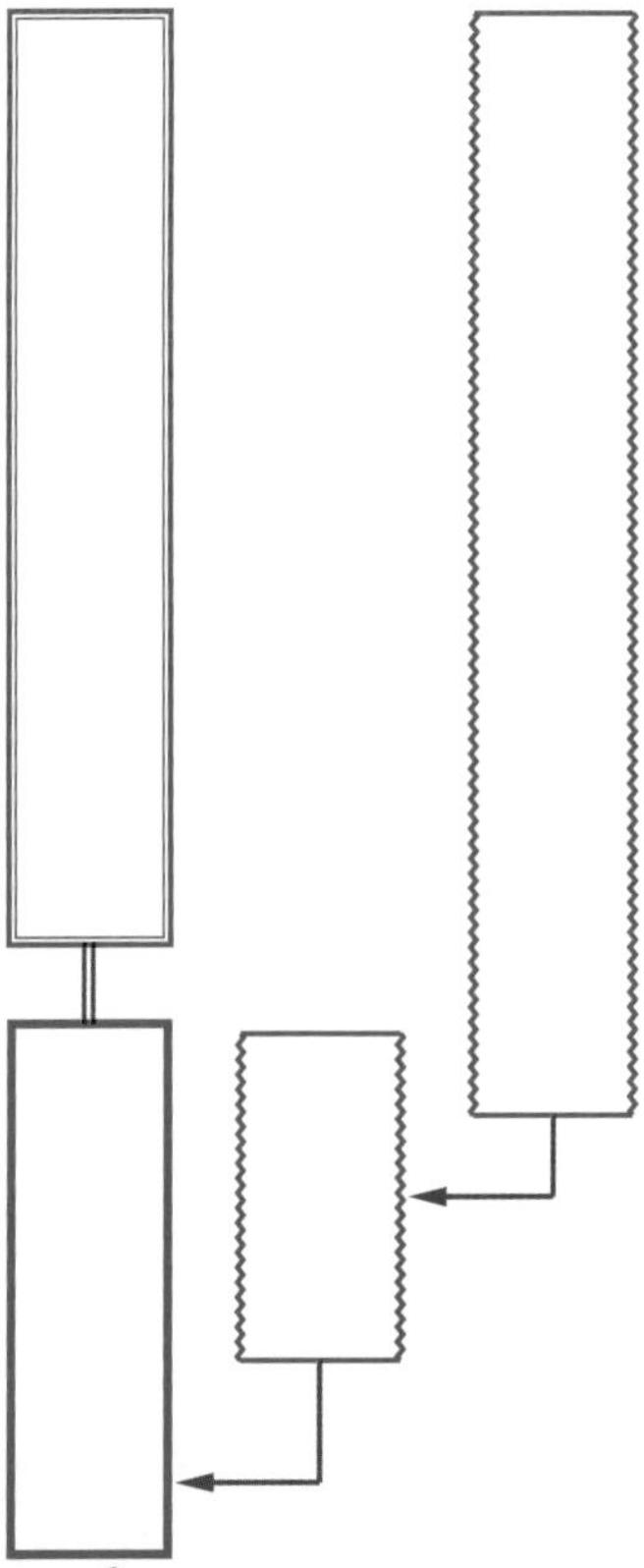

(2) イリオモテヤマネコのふつうのネコにはない能力は何ですか。

（　　　　　　　　）

びをしません。水にぬれることさえいやがることがほとんどです。

ですが、この小さな島では、川魚などもとらなければ生きてはいけません。そこで、イリオモテヤマネコは泳げるように進化したのです。

およそ三百万年以上も前からこの島にすみ、この土地の人たちに親しまれてきたイリオモテヤマネコ。

しかし、新種として発見されたのは一九六五年で、ほんの五十六年ほど前でした。特別なわざをもつめずらしいネコとして、世界から注目を集める日本の大切なたからです。

(3) イリオモテヤマネコは、なぜ(2)の能力を身につけたのですか。

(　　　　　　　　　　)

(4) イリオモテヤマネコは、いつごろから西表島にすんでいましたか。

(　　　　　　　　　　)

(5) 日本のたからとは何のことですか。

(　　　　　　　　　　)

ジャガーの子育て

名前

月　日

次の文章を読んで、後の問いに答えましょう。

㋐ジャガーはライオンやトラについで大きい、アメリカ大陸最大のネコ科の肉食動物です。

もようはヒョウとよくにていますが、ジャガーの方がさらにがっしりとした体で、かむ力も強力です。

夜に活動し、泳ぎもとくいです。水辺のワニや大きなヘビもとらえます。

そんな強いジャガーですが、赤ちゃんは、目がはっきり見えず、よちよち歩きのじょうたいで産まれてきます。

一方、キリンやシマウマなどの草食動物

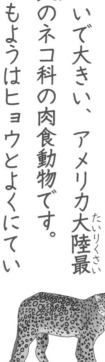

(1) ㋐ジャガーは何科の動物ですか。

（　　　　　　）

(2) ジャガーとヒョウのちがうところを書きましょう。

（　　　　　　）

(3) 水辺にいる生き物をとらえることができるのはなぜですか。

（　　　　　　）

の赤ちゃんは、目が見え、すぐに歩けるじょうたいで産まれます。

　このちがいは、つねにおそわれるきけんのある草食動物と、おそう側（がわ）である肉食動物のちがいです。

　ジャガーの母親は、そんな子どもたちに目を配り、おちちをやって自分一頭で育てます。

　そればかりではなく、えものをとってきたり、てきを追いはらったりして、子どもを守ります。

　そして子どもたちに、㋑二年以上（いじょう）かけて、かりの方法（ほうほう）を一から教えていきます。ジャガーの母親はたくましいのです。

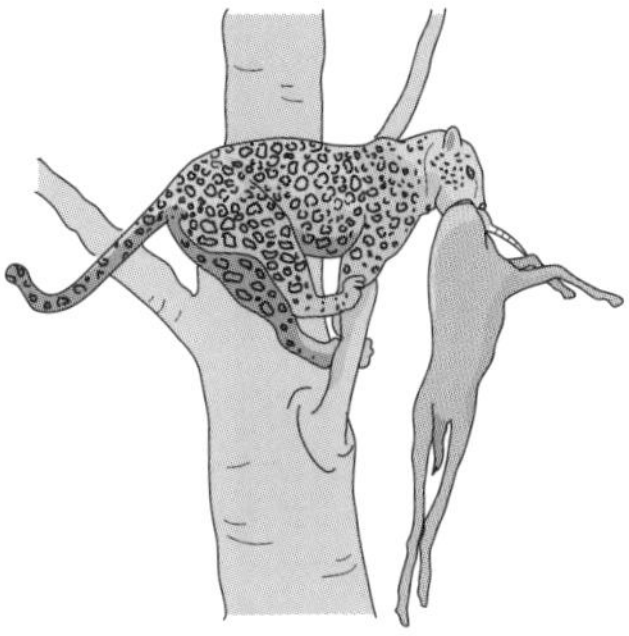

(4) 肉食動物と草食動物の産まれたばかりの赤ちゃんのじょうたいを答えましょう。

・ジャガー
（　　　　　　　　）

・草食動物
（　　　　　　　　）

(5) ジャガーの母親が、子どもたちに㋑二年以上かけて教えること何ですか。

（　　　　　　　　）

動物の目のちがい

名前

月　日

次の文章を読んで、後の問いに答えましょう。

動物は、他の動物をつかまえて食べる肉食動物と、草や木の葉などの植物を食べる草食動物の二種類（にしゅるい）に大きく分けることができます。

　この二種類の動物の体のつくりは、食べる物のちがいで、目、耳、歯などいろんな点で大きくちがっています。中でも、目のつき方から両者のちがいを考えましょう。

　まず、ライオンやヒョウなどの肉食動物の目は、ヒトと同じように、左右の目が顔の

(1) 次の動物は、何を食べますか。

肉食動物（　　　　）

草食動物（　　　　）

(2) 肉食動物の目は、どのようについていますか。また、それはなぜですか。

（　　　　）

（　　　　）

前方にならんでついています。

これは、にげる動物を追いかけてつかまえるのに欠かせない、遠近感をつかむための目です。

一方、キリンやシマウマなどの草食動物の目は、左右の目が頭の側面に分かれてついています。

これは、周りからせまるてきにいち早く気づいてにげられるよう、広く遠くまで見るための目です。食べ物の草や木の葉は動かないので、遠近感は肉食動物ほどなくていいのです。

このように、それぞれの動物たちは生きるために自分にあった体のつくりをしているのです。

(3) 草食動物の目は、どのようについていますか。また、それはなぜですか。

(4) それぞれの動物たちによって目のつき方がちがっているのは、なぜですか。

女王バチのひみつとくらし

名前

月　日

次の文章を読んで、後の問いに答えましょう。

Ⓐ　ミツバチは、たまごが産みつけられてから三日ほどでふ化してよう虫になります。

その後は、女王バチ、働きバチ（めす）、おすバチの順に成長します。

Ⓑ　もともと、女王バチと働きバチは両方ともめすで、たまごもまったく同じものです。

それなのに、どうして女王バチだけが大きく育ち、長く生きるのでしょう。

Ⓒ　そのひみつは、食べ物にあります。

最初は、どのよう虫にも、働きバチがつくり出すローヤルゼリーがあたえられ

(1)　この文の問題てい起とその答えにあたるだん落はそれぞれⒶ～Ⓔのどれですか。

問題てい起（　　）　答え（　　）・（　　）

(2)　ミツバチはその役わりによって、三種類に分けられます。すべて書きましょう。

（　　　　）（　　　　）

（　　　　）

(3)　女王バチが長く生きるひみつは何にありますか。

ます。これは、とても栄養(えいよう)かが高い特別(とくべつ)な食べ物です。

Ⓓ そして、よう虫が大きくなり始める三日目ごろから働きバチとおすバチは、花ふんや花のみつを食べて育ちます。

ところがたまたま王台に産みつけられて育った女王バチだけは、死ぬまでローヤルゼリーがあたえられます。

Ⓔ 成虫になって一週間くらいすると、女王バチとおすバチは交(こう)びをするために巣(す)を出ます。

その後、女王バチは巣にもどり、早ければ二日後ぐらいから産(さん)らんします。

そして、真夏や真冬をのぞいて、死が近づくまで、毎日たまごを産み続(つづ)けるのです。

(4) 女王バチは、どこで育ったハチですか。

（　　　　）に（　　　　）育ったハチ。

(5) 女王バチの食べ物と、大きくなった働きバチやおすバチは、何を食べますか。

・女王バチ（　　　　）

・働きバチ
　おすバチ（　　　　）

(6) 女王バチが巣にもどってからし続けることとは何ですか。

（　　　　）

オナラにご用心

名前

月　日

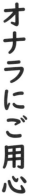

次の文章を読んで、後の問いに答えましょう。

自分の身にきけんを感じたときに、においを出して相手を追いはらう生き物はたくさんいます。

動物では㋐スカンクが一番有名でしょうか。スカンクは、きけんがせまると、体内からえき体を出し、そのにおいでてきを追いはらいます。

こん虫にも、そうした生き物がいます。一番有名なのは、カメムシでしょうか。きけんがせまると、体からにおいを発して、てきを追いはらいます。

(1) この文章に出てくる生き物をすべて書きましょう。

（　　　　）（　　　　）

（　　　　）（　　　　）

(2) ㋐スカンクは、どんなときに、どのようにしててきを追いはらいますか。

［　　　　　　］と、

［　　　　　　］を出し、

その［　　　］で追いはらう。

においを出すときに、「オナラ」をするこん虫もいます。㋑ミイデラゴミムシといって、別名（べつめい）「へこき虫」とよばれる虫です。

てきに出会うとおなかの中でいっしゅんでくさいどくガスを作り、てきに向かって発しゃします。

このオナラ㋒には、におい以外（いがい）にもう一つひみつがあります。それは、温度です。実はとても熱（あつ）く、およそ百度にもなります。

このどくガスをぶ器（き）に、ミイデラゴミムシは、きびしい自然（しぜん）を生きぬいているのです。

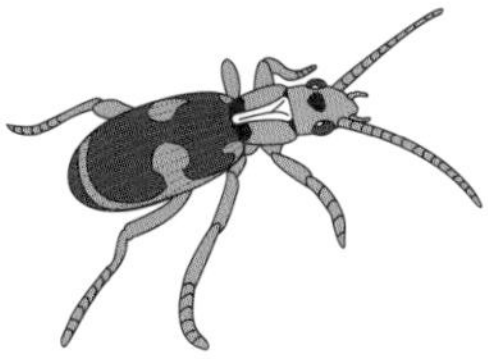

(3) ㋑ミイデラゴミムシの別名は何ですか。

（　　　　　　　　　　）

(4) このオナラ㋒は、どんなときに作られますか。

（　　　　　　　　　　）

(5) ㋒オナラのにおい以外のもう一つのひみつとは何ですか。くわしく書きましょう。

（　　　　　　　　　　）

人と仲良くくらすゾウ

名前

月　日

次の文章を読んで、後の問いに答えましょう。

熱帯地方(ねったいちほう)の東南アジアに、ミャンマーという国があります。この山おくに、人間と力をあわせて林業をおこなっているアジアゾウ達(たち)がいました。

この国では、道が開かれておらず、自動車などが入れない場所がたくさんありました。

そこで、そこの人達は、かしこくて力持ちな㋐ゾウに力をかしてもらうことにしたのです。

なぜならそこのゾウ使(つか)い達は、子どものころからゾウといっしょにくらし、兄弟の

(1) ミャンマーは、どこにありますか。

（　　　　　　　　）

(2) ㋐ゾウに力をかしてもらうことにしたのは、なぜですか。

（　　　　　　　　）おらず、

（　　　　）などが（　　　　）

場所があったから。

(3) ゾウとゾウ使いはどんな関係(かんけい)ですか。

（　　　　　　　　）

ように仲良（なかよ）しだったからです。

ゾウは、けわしいジャングルをあちらこちらへと動き回り、人が切りたおした重さ二トンもの大きな丸太を鼻で持ち上げて運び出すことができたのです。㋑人間にはとてもできないことでした。

ゾウとは仲良しなので、㋒仕事がおわった後に、おりやさくに入れることもしません。いっしょに森の中でのんびりとした時間をすごします。

ゾウは、水遊びをしたり、人にせなかや頭、長い鼻をあらってもらったりと、とても気持（きも）ち良（よ）さそうにするのです。

㋓その様子からゾウも安心してくらし、仕事ができているのがよくわかりました。

(4) ゾウにできて、㋑人間にはとてもできないことを書きましょう。

（　　　　　　　　　　）

(5) ㋒仕事がおわった後は、ゾウはどこですごしますか。

（　　　　　　　　　　）

(6) ㋓その様子とは、どんな様子ですか。

（　　　　　　　　　　）

モグラの土地争い

名前

月　日

次の文章を読んで、後の問いに答えましょう。

㋐モグラは、地面にトンネルをほり、土の中で生活する生き物です。目は小さく、その役わりは光を感じるていどです。

しかし、鼻の先はこん虫のしょっ角のような働(はたら)きをしており、さわったものが何であるかがわかります。

外側(そとがわ)に向いた前足には、長くてじょうぶなつめがついていて、地面をほるのに役立ちます。

日本にすむいくつかのモグラのうち、アズマモグラとコウベモグラは、土の中で

(1) ㋐モグラは、どこにすむ生き物ですか。

（　　　　　）

(2) ㋐の目の役わりは何ですか。

（　　　　　）こと

(3) 「鼻の先はこん虫のしょっ角のような働き」とありますが、どんな働きですか。

（　　　　　）

「土地争い」をしています。

アズマモグラは、主に東日本に、コウベモグラは主に西日本にすんでいます。

大昔に先に日本にすんでいたアズマモグラですが、外国から来た体の大きいコウベモグラに、だんだん東へと追いやられました。

その結果、アズマモグラは東に、コウベモグラは西にすむようになったのです。

こうして大昔に始まった「土地争い」は、今でも土の中で続いていることでしょう。

(4) 長くてじょうぶなつめは、何に役立ちますか。

（　　　　　　　　）

(5) 二種類のモグラが主にすんでいる場所をそれぞれ書きましょう。

アズマモグラ（　　　　　　）

コウベモグラ（　　　　　　）

(6) ㋑「土地争い」が起きたことで、何が、どこへ追いやられましたか。

何が（　　　　　　　　）

どこへ（　　　　　　）

フクロウと新かん線

名前

月　日

次の文章を読んで、後の問いに答えましょう。

フクロウは夜に活動し、小さな動物をとらえて生きています。

この鳥は、暗い夜でもえものが見えるように、大きな目をしています。［Ⓐ］、とても㋐静(しず)かに飛(と)ぶことができます。暗い中でも、えものに気づかれないように近づいてかりをするためです。

他の鳥にくらべてフクロウが静かに飛ぶことができるのは、フクロウの羽の一部分がギザギザになっているからです。

このギザギザで、空気の流れがなめらか

(1) 文中の□にあてはまる言葉を［　］から選(えら)んで書きましょう。

Ⓐ（　　）　Ⓑ（　　）

［しかし　そのうえ　すると］

(2) フクロウが暗い中でも、かりができるのはなぜですか。二つ書きましょう。

・（　　）

・（　　）

になり、大きな音が生まれにくくなるのです。

このフクロウの羽のしくみ(イ)は、新かん線のパンタグラフに取り入れられています。

本来、高速で走る新かん線は、走るときに大きな音が出てしまいます。

[Ⓑ]、フクロウの羽のようなギザギザを屋根のパンタグラフに取り入れることで、大きな音が出にくくなったのです。

このような動物の体のしくみを道具に取り入れることで、人間のくらしは良くなってきました。

※パンタグラフ……新かん線などの屋根についていて、電気を電線から受け取るせつび。

(3) フクロウの羽のしくみ(イ)を書きましょう。

(　　　　　　　　)

(4) フクロウの羽の特(とく)ちょうは何に取り入れられていますか。

(　　　　　　　　)

(5) 人間のくらしが良くなってきたのは、どうしてですか。

(　　　　　　　　)

身近になったパプリカ

名前

月　日

次の文章を読んで、後の問いに答えましょう。

㋐夏になると、色とりどりの野菜(やさい)が店先にならびます。中でも、にた食材(しょくざい)にピーマン、パプリカ、トウガラシがあります。

ピーマンは、今から百年ほど前に、日本に入ってきました。

この野菜は、子どもたちにとても㋑不人気(ふにんき)です。その一番の理由は、やはり苦いことですよね。

子どものしたは、大人よりもびん感で、苦味をよく感じるそうです。反対に大人になって食べられるようになる人も多いのですが、それはしたが子どもよりもどん感になってきているからだそうです。

(1) ㋐の文の主語と述語(じゅつご)を書きましょう。

(2) ㋑の理由を書きましょう。

（　　　　）

(3) 子どものしたと大人のしたの味の感じ方を書きましょう。

子ども（　　　　）

大人（　　　　）

パプリカは、今から二十年ほど前に、日本に入ってきました。

皮があつく、あま味が多いので、最近（さいきん）では、ピーマンの代わりに料理（りょうり）に使われることも多くなってきました。

このピーマンとパプリカは、もとはから味が少ないトウガラシからつくられた野菜でした。今では、から味が強いものをトウガラシ、から味が少ないものをピーマン、㋒あまくて苦味が少ないものをパプリカと分けています。

パプリカは、赤や黄など色目が美しいうえ、ピーマンよりビタミンは約二倍（やくにばい）、カロテンは約七倍と、たくさんの栄養（えいよう）をふくんでいます。

㋓これらの面から見ても、おすすめです。

(4) ピーマンとパプリカはいつごろ日本に入ってきましたか。

ピーマン（　　　　　　　　）

パプリカ（　　　　　　　　）

(5) この三つの野菜の味について書きましょう。

トウガラシ（　　　　　　　　）

ピーマン（　　　　　　　　）

パプリカ（　　　　　　　　）

(6) ㋓これらの面とは何ですか。二つ書きましょう。

・（　　　　　　　　）

・（　　　　　　　　）

「イモ」の役わり

名前

月　日

次の文章を読んで、後の問いに答えましょう。

植物が仲間をふやす方法として、まず思いつくのは、種をつくってふやすことでしょうか。

㋐それ以外にも、土の中にくきの一部や根を残して、そこから新たに仲間をふやすという植物もあります。代表的なものでは、イモ類でしょうか。ジャガイモやサツマイモなどが特に身近です。

［Ⓐ］、植物がつくる「イモ」にはどんな役わりがあるのでしょう。

まず、一番大切なことは、子孫をのこすことです。

(1) ⒶとⒷにあてはまる言葉を［　］から選んで書きましょう。

Ⓐ（　　　）　Ⓑ（　　　）

［このように　そのうえ　では］

(2) ㋐それとは、何ですか。

（　　　）

(3) (2)とちがう方法として書かれているのはどんな方法ですか。

（　　　）

しかし、種を地面に落としても発芽できないような積雪の多いところでも植物は生きなければなりません。

そこで、ジャガイモは、土の中のくきをイモの形にし、それににたサツマイモは、根をイモの形にしました。

これらには、新しく仲間をふやすための栄養をためこむ役わりがあります。

そして、寒い冬を温かい土の中で過ごし、春の発芽をまつのです。

[Ⓑ]、植物がそうした寒さのみならず、きびしいかんきょうで、生きのび、子孫を残すためにとった形がイモなのです。

人間は、寒い冬でもとれる作物として「イモ」に注目し、㋑それらを改良することで、私たち人間にとってさらに都合の良い、大切な食料としてきました。

(4) ジャガイモとサツマイモの「イモ」になる部分はどこですか。
ジャガイモ（　　）
サツマイモ（　　）

(5) イモにはどんな役わりがありますか。
［　　　　　　　］役わり

(6) ㋑をすることで、人間はどうしてきましたか。
（　　　　　　　）

種の生命力

名前

月　日

次の文章を読んで、後の問いに答えましょう。

　生物は、生きている間に子孫を残そうとします。㋐多くの植物も、種をばらまき、そこから芽を出し、子孫を残します。

　しかし、すべての種から芽が出るわけではありません。では、そのじょうけんには何があるでしょう。

　植物の種には命の元になるしくみがあり、芽を出すための力の元がふくまれています。大豆、ゴマ、米など、多くの種に㋑それがふくまれていて、わたしたちの栄養にもなっているのです。

　一九五一年の話です。約二千年前のハス

(1) ㋐多くの植物はどのようにして仲間をふやしますか。

（　　　　　　　　　　）

(2) ㋑それとは、何ですか。

［　　　　　　　　］の元

(3) このめずらしいハスの種はいつ・どこから見つかりましたか。

いつ（　　　　　　　　）

どこから（　　　　　　　　）

の種が、深い土中から見つかりました。

このめずらしい種を研究者がじょうけんを整えて育てると、古代のハスの種から花が見事にさいたのです。

そして『なぜこのハスの種は二千年もの間、ねむっていることができたのか』と、大きな話題をよびました。

研究してわかったことは、『種には、発芽せずにじょうけんが整っていない場合に、発芽せずに力をたくわえるホルモンがある』ということでした。

だから、てき度な温度や水分があたえられると、このホルモンの働きが弱まり、二千年前の種であっても発芽したのです。

種の生命力には、おどろかされます。

※ホルモン……体の調子を整えるもの。

(4) 研究者は、何をさかせましたか。

(5) どんなホルモンが発見されましたか。
（　　　）

場合には、発芽させずに（　　　）ホルモン。

(6) ハスの種に何をあたえることで、発芽しましたか。

植物工場

名前

月　日

次の文章を読んで、後の問いに答えましょう。

近年、工場で植物をさいばいすることが㋐ふえています。

そのおかげで、季節はずれの野菜などがわたしたちの食たくにならべられています。そんな植物工場をのぞいてみましょう。

農作物のさいばいには光や温度、水、養分などが必要です。これらをコンピュータで管理してあげることで、植物は工場でもすくすくと育つのです。

この工場は、大きく二種類に分けられます。光を人工のものにするか自然のものにするかで、工場の場所やしせつの形が大きく変わります。

(1) 何が㋐ふえていますか。

（　　　　　　）

(2) 農作物のさいばいには、何が必要ですか。

（　　　　　　）（　　　　　　）

（　　　　　　）（　　　　　　）

(3) 植物工場にはどんな光の種類がありますか。

（　　　　　　）（　　　　　　）

人工の光を使った工場では、都会のビルでもさいばいでき、場所や季節、気候を問いません。中では、レタスなどの葉物野菜の入ったたなが何だんにも積み重ねられ、水栽ばいで生産しています。

この水も養分をとかした水でできており、室内はてき度な温度になるよう調整されています。

植物工場の利点は、天候が不安定でも、計画的に野菜の生産ができることです。また、農地がいらず、作物の病気もないため、無農薬による安全な生産ができることです。

大きな問題点は、生産費用（建物代やその維持費、電気代、燃料費など）がかかることで、生産物が高くなることと、主な作物がレタスなどの葉物野菜などになることです。今後の研究が待たれています。

(4) 人工の光を使った工場は、どこでさいばいできると書かれていますか。

（　　　　　　　　　　　　　　）

(5) 植物工場の利点を三つ書きましょう。

・（　　　　　　　　　　　　　　）

・（　　　　　　　　　　　　　　）

・（　　　　　　　　　　　　　　）

(6) この工場の問題点を二つ書きましょう。

・（　　　　　　　　　　　　　　）

・（　　　　　　　　　　　　　　）

カレー

名前　　　　　月　　日

次の文章を読んで、後の問いに答えましょう。

　カレー料理は、昔にインドを治めていたイギリスを通して日本に伝わりました。

　実は、カレー粉もカレーライスもイギリスの発明品でした。ですが、㋐もともとカレーとよばれるものは、※スパイスを使って野菜や肉類を味つけしたインド料理を指していました。

　カレーという言葉を最初に使いはじめたのは、南インドを治めていたポルトガル人だったようです。

　南インドには、野菜や肉を意味する「カリ」という言葉がありました。

(1) カレー料理は、どこからどのようにして日本に伝わりましたか。

（　　　　　　）から、（　　　　　　）を通して伝わりました。

(2) ㋐は何でしたか。

（　　　　　　）

(3) カレーという言葉を最初に使いはじめたのは、何人ですか。

（　　　　　　）

あるとき、スープをかけたご飯(はん)を食べているインド人を見たポルトガル人が「㋑それは何か。」とたずねると、かれはスープの具を聞かれたと思い「カリ」※と答えたそうです。

それから、「カリ」が「カレー」となって広まりました。

日本でカレーといえば、カレーライスのことです。カレー粉に小麦粉を加(くわ)えてとろみを出し、それをご飯にかけて食べます。

また、カレーライス以外(いがい)にも、ドライカレー、カレーパン、カレーコロッケなどとカレー味のものが大人気です。

※スパイス……食物に香(かお)りやから味を加える調味料。
※「カリ」の意味は、いろんな説(せつ)があります。

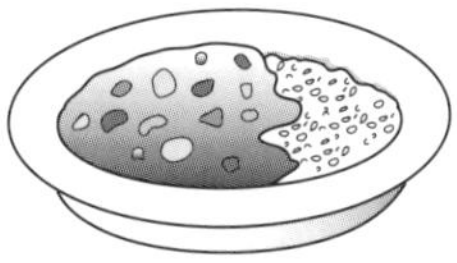

(4) 南インドの「カリ」という言葉のもともとの意味は何でしたか。四文字で書きましょう。

□□□□

(5) ㋑それは何のことですか。

(　　　　　　　　　　)

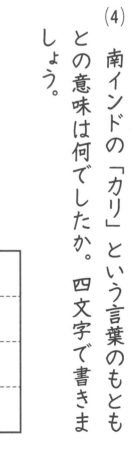

(6) 日本のカレーについて説明(せつめい)している文のはじめの五文字を書きましょう。

□□□□□

「柿が赤くなると、医者が青くなる」

名前

月　日

次の文章を読んで、後の問いに答えましょう。

日本の食べ物の中で、昔から柿は、㋐幸福をもたらすえんぎの良い物として親しまれてきました。ことわざに㋑「柿が赤くなると、医者が青くなる」というものがあります。この赤く育った㋒柿を食べていれば、病気になることが少なく、医者に通う人がへるというのです。

実さいに栄養面から見ても、柿はブドウとう、ビタミンA、タンニン、ミネラル、食物せんいなどのいろいろな栄養をバランスよくふくんでいます。

(1) ㋐の理由を書きましょう。

(　　　　　　　　)と考えられてきたから。

(2) ㋑のことわざの意味を次の中から選んで○をつけましょう。

① (　) 病人がへって、医者の仕事が少なくなってしまう。

② (　) 医者が病気になってしまう。

(3) ㋒の理由を答えましょう。

(　　　　　　　　)

また、日本では古くから味のしぶい柿をほして、ほし柿にする文化がありました。秋から冬の寒さをのりこえ、あたたかい春になっても食べられるほし柿。昔の人が考えた、いつでも食べられる便利なほぞん食でした。

㋓その便利さだけでなく、ほし柿はさとうが手に入りにくく大切にされていた時代に、自然のあま味をあたえてくれるきちょうな食べ物でした。

そのうえ、同じ果物のミカンやリンゴにくらべ、食物せんいがずばぬけて多いこともわかっています。

現代のいそがしいわたし達のくらしにとって、ほし柿は不足しがちな栄養をおぎなってくれる元気の元です。

(4) 柿にふくまれている栄養を五つ書きましょう。

（　　　）（　　　）

（　　　）（　　　）

（　　　）

(5) ㋓は、何のことですか。

（　　　）

(6) ㋓以外のほし柿の良さを二つ書きましょう。

・（　　　）

・（　　　）

「海の上の診療所」

名前

月　日

次の文章を読んで、後の問いに答えましょう。

「海の上の診療所」とは、一九六二年から五十年以上にわたって、瀬戸内の島に住む人の健康を守ってきた全国でたった一つの診療船㋐「済生丸」のよび名です。

済生丸は、瀬戸内海をわたり、岡山県・広島県・香川県・愛媛県の島々を、医師や看護士たちを乗せて診療してまわっています。それぞれの県の港をおとずれ、十日ほどかけて、その近くの島々を医師がまわることもしています。

そこでの診療がおわればまた、次の港へと向かいます。

(1) ㋐「済生丸」には、何というよび名がありますか。

（　　　　　）

(2) ㋐の船について説明しましょう。

［　　　　　］を乗せて［　　　　　］まわる船

(3) 十日ほどかけて、何をしますか。

（　　　　　）

近年、瀬戸内海をわたる大きな橋ができ、㋑診療をやめることも考えられました。しかし、島民や自治体の強い要望で続けられることになりました。

㋒済生丸の医師たちは、町の病院と同じように、検診や診療、病気、けが人の治療などにあたります。これまでに、六十万人もの人がこの船に助けられてきました。

今では、この船は四代目となり、最新の診察機器もつきました。また、バリアフリー化が進み、車いすの人などが乗れるエレベーターもつきました。

「この船のおかげで長生きできる」

この地いきの島の人々にとって、済生丸はかけがえのないそんざいです。

(4) なぜ㋑診療をやめることが考えられたのですか。

（　　　　）

(5) ㋒済生丸の医師たちは、具体的にどんな仕事をしますか。

（　　　　）

(6) この船が四代目となり、新たについた物を二つ書きましょう。

・（　　　　）

・（　　　　）

「天空の村・かかしの里」

名前

月　日

次の文章を読んで、後の問いに答えましょう。

徳島県(とくしまけん)の山おくに「天空の村」(ア)とよばれる住む人のとても少ない村がある。

人里はなれた山道を登っていくと、畑をたがやしているおばあちゃん、工事をしているおじいちゃん、お店でくつろぐ人たちなど、多くの人に出会うことができた。(イ)

けれど、目をこらして見ると、みんな動かない。実はこれらの人々は、すべてかかしなのである。

本来かかしは、田畑をあらす鳥やけものを追いはらうための人形だ。

(1) ㋐天空の村とはどんな村ですか。

（　　　　　　　　　　）

(2) ㋑はどんな人たちですか。

・（　　　　）
・（　　　　）
・（　　　　）

(3) ㋑の人たちは何でしたか。

（　　　　　　　　　　）

しかしこの村では、民家（みんか）ののき先や集会所に、まるで人間のように「住んでいる」のだ。

かかしには、住民が使（つか）わなくなった服やくつが使われ、顔もそれぞれちがっている。そのうえ、これらのかかしには名前や仕事、せいかくまで考えられているのだ。

今や、村の住民数十人に対して、このかかしは三百体にもなっている。

「かかしの里」として有名な観光地（かんこうち）となったが、このかかしには村の住民たちの住民がふえてほしいという切なる願（ねが）いがこめられているのだ。

(4) かかしは、本来どんなものですか。

（　　　　）

(5) この村のかかしには、何が使われていますか。

（　　　　）

(6) この村のかかしたちには、何がこめられていますか。

（　　　　）

干支のたん生

名前

月　日

次の文章を読んで、後の問いに答えましょう。

年末年始（ねんまつねんし）によく目にするネズミやウシなどの㋐干支（えと）。これは、どのようにしてできたのでしょう。

　干支は中国で生まれ、後に日本に伝（つた）わったものです。昔から、中国では木星が大切な星とされてきました。この木星が十二年で太陽の周（まわ）りを一周（いっしゅう）することから、㋑十二という数で時間を考えるようになりました。一年は十二か月、一日にも午前と午後に十二の時間があると考えたのです。

　そして、この一から十二の数にそれぞれ動物をあてはめたものが干支です。

　日本でも、この十二ひきの動物を元にし

(1) ㋐は、どこで生まれましたか。

（　　　　）

(2) 中国で大切にされている星は何ですか。

（　　　　）

(3) ㋑の数は、何から考えられましたか。

（　　　　）

(4) 干支で二番目になった動物は何ですか。

（　　　　）

た昔話が有名です。

大昔、神様が
「元旦に私の元にやって来た順に、一年交代で動物の大将とする。」

と動物たちに言ったそうで、そうして決まったのがこの『干支』です。

この話には、一番になったネズミが、実はウシの背中に乗り、ゴール目前で飛び下りただけなこと。ネコはネズミにだまされて干支に入れず、今でもネズミを見つけると追いかけまわしているなど、おもしろい話があります。

こうして伝わった干支は今でも㋒くらしの中で使われています。

お昼の十二時の「正午（しょうご）」も、干支を使った「うま（午）のこく」から来ています。

(5) ネズミにだまされた動物は何ですか。

（　　　　）

(6) ㋒くらしの中で使われている「干支」とその説明（せつめい）を書きましょう。

① くらしの中の「干支」

（　　　　）

② ①の説明

（　　　　）

ダイナマイトとノーベル賞

名前

月　日

次の文章を読んで、後の問いに答えましょう。

アルフレッド・ノーベルは、ダイナマイトを発明した化学者です。

一八三三年、かれはスウェーデンに生まれました。多くの家庭教師（かていきょうし）から㋐教育をうけたことで、化学をはじめ、たくさんの言語も学ぶことができました。

十七才になると、フランスのパリに出て、さらに化学を学びました。

二十六才ごろからは、人のためにばく発力の強い薬品、ニトログリセリンの安全な作り方の研究を始めます。しかし、その研究中、弟のエミールがばく発事こでなくな

(1) ノーベルのしょく業は何ですか。

（　　　　）

(2) ㋐なぜそのようなことができたのですか。

（　　　　）

(3) 二十六才ごろから、ノーベルは何を始めましたか。

（　　　　）

るなどの不幸もありました。

　三十三才のとき、ついにニトログリセリンをあつかいやすくした、㋑ダイナマイトの開発に成功しました。

　この発明後、トンネルなどの土木工事がとても楽になりました。そうしてノーベルの会社は、大金を手に入れることができたのです。

　［㋒］、このダイナマイトが戦争でも使われてしまい、多くの人がきずつき、ころされてしまいました。このことにノーベルは大変心をいためていました。

　かれは死ぬ前に「わたしのお金は、人類のためになることをした人たちに分配したい」と言い残しました。

　㋓このゆい言の元に生まれたのが、ノーベル賞です。

(4) ㋑の発明後に、起きた二つのよいことは何ですか。

（　　　　　　）

（　　　　　　）

(5) ㋒にあてはまる言葉を□から選んで書きましょう。

（　　　　　　）

それから　だから　ところが

(6) ㋓このゆい言から生まれたものは何ですか。

（　　　　　　）

さらばグズ太郎

名前

月　日

次の文章を読んで、後の問いに答えましょう。


林憲太郎（はやしけんたろう）。㋐これがぼくの名前だ。

でも、クラスのみんなからはグズ太郎とよばれている。

トイレから帰ってくるときも、外から帰ってくるときも、ぼくの後ろにはだれもいないからだ。

お母さんは、ことあるごとに、

「この子はのんびりやさんなんだから。」

というのが口ぐせになっていた。

小学生になってからは、先生によくしかられた。

お母さんは、面談や家庭訪問（かていほうもん）で、いつも先生からぼくの行動がおそいことを注意さ

(1) ㋐は、クラスのみんなと、お母さんから何と言われていますか。

クラスのみんな（　　　　）

お母さん（　　　　）

(2) お母さんがぼくのことで㋑心をいためていたことは何ですか。

ぼくの［　　　　　　］ことを先生に注意されること。

(3) ㋒は、何を言われたのですか。

（　　　　　　　　）

れ、㋑心をいためていた。

そんなぼくも、四月から六年生になる。㋒この春休みの間に心を入れかえておくように先生から言われていた。ぼくもこのままではいけないと思い、㋓グズグズ病の原因を考えてみた。

答えはかんたんだった。ぼくは何か気になることがあると、いろいろと想ぞうしてしまうくせがあるのだ。想ぞうし始めると、えい画でも見ているみたいにその世界に入ってしまう。

㋔気がついたときには、ぼくの周りはすっかり様子が変わっている。

つまり、ぼくの㋕グズグズ病を治すためには、想ぞうぐせを直せばいいということだ。

「よし、今日から絶対に想ぞうしないように生活しよう。」

ぼくは自分に言い聞かせた。


（井上憲雄）

(4) ㋓を考えた結果、何とわかりましたか。

[　　　　　　] があると、[　　　　　　] くせがあるから。

(5) ㋔「気がついたときには」と同じ意味の言葉に○をつけましょう。

① （　） いつの間にか
② （　） 目を見はる間に
③ （　） いかようにか

(6) ㋕のためにどのように生活しようと考えましたか。

（　　　　　　　　　　）

セロひきのゴーシュ

名前　　　　　　月　　日

次の文章を読んで、後の問いに答えましょう。


　すると、たぬきの子はぼうをもって、セ※ロのこまの下のところをひょうしをとってポンポンたたき始めました。㋐それがなかなかうまいので、ひいているうちにゴーシュはこれはおもしろいぞと思いました。

　おしまいまでひいてしまうと、たぬきの子はしばらく㋑首をまげて考えました。

「ゴーシュさんはこの二番目の糸をひくときは、ふしぎにおくれるねえ、なんだかぼくがつ㋒まずきそうになるよ。」

　ゴーシュははっとしました。たしかにそ

(1) ㋐は、だれが何をしていることですか。

(　　　　　　　　　　)

(2) ㋑とありますが、たぬきの子は何を考えていましたか。

(　　　　　　　　　　)

の糸はどんなに手早くひいても、少したってからでないと音が出ないような気が夕べからしていたのです。

「いや、そうかもしれない。このセロは悪いんだよ。」

とゴーシュは悲しそうに言いました。

するとたぬきの子は気のどくそうにして、また考えていましたが、

「どこが悪いんだろうなあ。㊁ではもう一ぺんひいてくれますか。」

「いいともひくよ。」

ゴーシュはひき始めました。

※セロ……楽器のチェロのこと。

(3) ㋒とありますが、ゴーシュが気づいたことがわかる文の始めの四文字を書きましょう。

(4) なぜたぬきは㊁と言ったのですか。あてはまる文に○をつけましょう。

① (　) さらに音がよく聞こえるようにするため。

② (　) どこが悪いのかを見つけるため。

③ (　) きいていて、とても気持ちのよい音だったから。

ごんぎつね ①

名前　　　　月　　日

次の文章を読んで、後の問いに答えましょう。

　ある秋のことでした。二、三日雨がふり続（つづ）いたその間、ごんは、外へも出られなくてあなの中にしゃがんでいました。
　雨があがると、㋐ごんは、ほっとしてあなからはい出ました。空はからっと晴れていて、もずの声がきんきん、ひびいていました。
　ごんは、村の小川のつつみまで出て来ました。あたりの、すすきのほには、まだ雨のしずくが光っていました。川は、いつもは水が少ないのですが、三日もの雨で、水

(1) 雨は何日ふり続いていましたか。

（　　　　　　　）

(2) ㋐のときまで、ごんは、どこで、どうしていましたか。

（　　　　　　　）

（　　　　　　　）

(3) ㋐のすぐ後、外はどんな様子でしたか。

・（　　　　　　　）

・（　　　　　　　）

が、どっとましていました。

ただのときは水につかることのない、川べりのすすきや、はぎのかぶが、黄いろくにごった水に横だおしになって、もまれています。ごんは川下の方へと、ぬかるみ道を歩いていきました。

ふと見ると、川の中に人がいて、何かやっています。ごんは、見つからないように、そうっと草の深いところへ歩きよって、㋑そこからじっとのぞいてみました。

「㋒兵十(ひょうじゅう)だな」と、ごんは思いました。

兵十はぼろぼろの黒い着物をまくし上げて、こしのところまで水にひたりながら、魚をとる、はりきりというあみをゆすぶっていました。

(4) この日の川の様子がわかる文に〰〰を引きましょう。

(5) ㋑は、どこですか。

(6) ㋒のしていることを三つの文に分けて書きましょう。

・(　　　　)
・(　　　　)
・(　　　　)

ごんぎつね ②

名前

月　日

次の文章を読んで、後の問いに答えましょう。

㋐兵十（ひょうじゅう）が、赤い井戸（いど）のところで、麦をといでいました。

兵十は今まで、おっ母（かあ）と二人きりで、まずしいくらしをしていたもので、おっ母が死んでしまっては、もう一人ぼっちでした。

「おれと同じ一人ぼっちの兵十か㋑。」

こちらの物おきの後ろから見ていたごんは、㋒そう思いました。

ごんは物おきのそばをはなれて、向こうへ行きかけますと、どこかで、㋓いわしを売る声がします。

(1) ㋐は、どこで何をしていましたか。

（　　　　　　　　　　）

(2) ㋑の文字の「か」と同じ意味の使い方をしている文に○をつけましょう。

①（　）このペンはいくらですか。

②（　）とうとうお金もなくなってしまったか。

③（　）こんなところで食べるやつがあるか。

「いわしのやすうりだアい。いきのいい、いわしだアい。」

ごんは、その、いせいのいい声のする方へ走っていきました。と、弥助（やすけ）のおかみさんが、うら戸口から、

「いわしをおくれ。」と言いました。

いわし売りは、いわしのかごをつんだ車を、道ばたにおいて、ぴかぴか光るいわしを両手でつかんで、弥助の家の中へ持って入りました。

ごんはそのすきまに、㋔かごの中から、五、六ぴきのいわしをつかみ出して、もと来た方へかけだしました。

そして、兵十の家のうら口から、家の中へいわしを投げこんで、㋕あなへ向かってかけもどりました。

(3) ㋒どのように思ったのですか。

（　　　）

(4) ㋓の声は、どんな声でしたか。

□□□□□□□

(5) ㋔のときは、だれが何をしたときですか。

（　　　）

(6) ㋕はだれの行動ですか。

（　　　）

読解習熟プリント　小学4年生

2021年3月20日　発行

著　者　山下　洋

発行者　面屋　洋

企　画　フォーラム・A

発行所　清風堂書店

〒530-0057　大阪市北区曽根崎2-11-16

TEL 06-6316-1460／FAX 06-6365-5607

振替　00920-6-119910

制作編集担当　宮崎彰嗣・田邉光喜　☆☆

表紙デザイン　ウエナカデザイン事務所　1122

※乱丁・落丁本はおとりかえいたします。

読解習熟プリント 4年生

答え

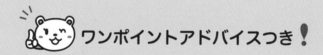

ワンポイントアドバイスつき！

文の組み立て（主語・述語・修飾語）①　チェック　[P6-7]

1
(1) 数ひきのはたらきアリ
(2) はたらきアリの一ぴきが、コガネムシのよう虫を見つけた。
(3) えものにむらがってかみついたこと。

2
(1) オットセイの子ども

「何が」とたずねられているので主語をさがそう。

(2) ・もうスピードで泳ぎまわる　・岩によじ登る
・たきつぼに飛びこむ
(3) ・てきがいなくて安全な場所　・ひみつき地
・かりの動きを身につけられる場所

文の組み立て（主語・述語・修飾語）①　ワーク①　[P8-9]

1
① おにに　タッチされた　人が、次に　おにに　なります。
② ラクダは、暑さや　かんそうに　強い　動物だ。

2
① 夏には、いろいろな　野菜が　店に　ならびます。
② カレー料理は、イギリスを　まわって　日本に　伝わった。
③ ワサビは、昔から　日本に　ある　菜の花の　仲間の　野草です。
④ きょうりゅうの　足は、真横に　つき出す　トカゲの　足とは　ちがいます。
⑤ ジャガーの　えものの　つかまえ方は、木の上での　待ちぶせである。
⑥ 肉食動物の　歯は、大きな　キバに　なっている。
⑦ 草食動物の　ウシの　歯は、平らな　形だ。
⑧ 草食動物は、食べた　草を　何回も　じっくりと　かみます。

文の組み立て（主語・述語・修飾語）①　ワーク②　[P10-11]

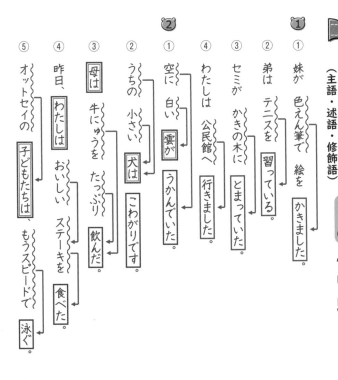

1
① 妹が　色えん筆で　絵を　かきました。
② 弟は　テニスを　習っている。
③ セミが　かきの木に　とまっていた。
④ わたしは　公民館へ　行きました。

2
① 空に　白い　雲が　うかんでいた。
② うちの　小さい　犬は　こわがりです。
③ 母は　牛にゅうを　たっぷり　飲んだ。
④ 昨日、わたしは　おいしい　ステーキを　食べた。
⑤ オットセイの　子どもたちは、もうスピードで　泳ぐ。

文の組み立て ①（主語・述語・修飾語）　おさらい　〔P12-13〕

(1) 日本の食たくに欠かせない食材
(2) 農家
(3) 大豆
(4) コウジカビ
(5) スーパー
(6) 約十か月から一年の間

文の組み立て ②（まとまった修飾語）　チェック　〔P14-15〕

(1) アメリカ
(2) 大変「知りたがり屋」な子ども
(3) いつも「なぜ?」「どうして?」とたずねたから。
(4) お母さんは、エジソンがなっとくするまで勉強を教えてくれたから。
(5) 実験室として使うための地下室
(6) 時計を使って自動で信号を送る器具

理由をたずねられているので「～から。」と答えているよ。

文の組み立て ②（まとまった修飾語）　ワーク①　〔P16-17〕

① わたしの → 父は、　バスの → 運転手です。
② 白黒の → パンダは、　動物園の → 人気者だ。
③ スウェーデン生まれの → ノーベルは、　すぐれた → 科学者です。
④ 花の → みつは、　ミツバチたちの → 大切な → 食りょうです。

文の組み立て ②（まとまった修飾語）　ワーク②　〔P18-19〕

1
① ベルのような　形をしている　パプリカは、　少し　大きいです。
② うらの　空き地に　大きな　マンションが　建つようだ。

2
① 東北地方の → ニホンザルは、　最も → 北方に → すんでいる。
② ふく数人でも → 楽しめる → けん玉は、　み力的な → 遊びです。

文の組み立て ②（まとまった修飾語） ワーク③ 〔P20-21〕

1

① 電車が　ホームに　とう着する。

② にわとりは、コケコッコーと　鳴く。

③ 三さいの　弟が　えんえん　泣く。

④ 井戸の　中の　冷たい　水は　おいしい。

⑤ かみなりが　とつぜん　ゴロゴロと　鳴る。

⑥ 七色の　あざやかな　にじが　美しい。

⑦ 池に　たくさんの　カエルが　いる。

2

① ぼうしを → かぶった → 女の子が　歩いて　来ました。
せの → 高い → 女の子が

② 大切な → 友達の → 写真を、見せて　もらった。

③ みんなで → まいた　ヒマワリが　芽を　出しました。
今年の → 春に → まいた

文の組み立て ②（まとまった修飾語） おさらい 〔P22-23〕

(1) スノーモンキー

(2) （雪にとりかこまれた）温せんにつかっていたり、たき火にあたったりしているところがしょうかいされたから。

(3) オナガザル

(4) 体温がうばわれないようにするため。

(5) あまり食べ物のない冬

(6) ・指先が発達しているところ
・両目が顔の前にあるところ

指示語 チェック 〔P24-25〕

1

(1) すき焼き

(2) 野鳥やイノシシ、シカの肉を野外で焼いていた料理。

(3) 牛肉などの具材を焼いてから、なべでにる。

この「この」は前の文でしょうかいされている「すき焼き」を指しているね。

2

(1) ウグイスの巣のある高さが、以前の高さより三倍も高くなっている。

(2) （ウグイスの）たまごやひなをおそうイタチ

(3) ネズミをたい治する役目

指示語 ワーク① 〔P26-27〕

① ゾウのちょ金箱

② ラクダのこぶ

③ シイやカシなどのわか葉や木の実

④ 日光と水

指示語 ワーク② 〔P28-29〕

❶ ① ㋓ ② ㋑ ③ ㋒ ④ ㋐

❷
① 向こうのあの山まで歩こう。
② あなたの足元のその花はきれいね。
③ あの人はどこの国の選手だろう。
④ あんな風に言わなければよかった。
⑤ 約束の場所はここだよ。

❸
① 高いビル ② サッカーボール
③ いちごケーキ ④ 三丁目の公園
⑤ 一か月前の ⑥ 黒いえんぴつ
⑦ 赤い花や黄色い花

指示語 ワーク③ 〔P30-31〕

(1) 子どもをおんぶしているところがよく見られる（ため）。
(2) 牛のフンから作ったねん料で走るバス
(3) ・すぐれた栄養があること。
・味はエビやカニにまけないこと。
・いつも人間の近くにあること。
(4) 節分イワシ

「このように」が指す言葉や文は広いはんいで話をまとめるときなどによく使われるよ。

指示語 おさらい 〔P32-33〕

(1) いろはたんてい
(2) 全員を二組に分けます。
(3) （たんていが）五十数えるとき。
(4) 「ぼうさんがへをこいた」と一回読むこと。
(5) ぬすっとのせなかに三回連続タッチする
(6) ぬすっと
(7) この

問いに「まず」という言葉があるので、本文にも「まず」がないかをさがそう。

接続語 チェック 〔P34-35〕

❶
(1) ・高さが三十メートル
・国内で一番古い
(2) Ⓐ そして Ⓑ すると
(3) まるで空を飛んでいるような気分

❷
(1) アサリなどの貝
(2) おどろいたマテガイが飛び出してくる
(3) Ⓐ また Ⓑ すると

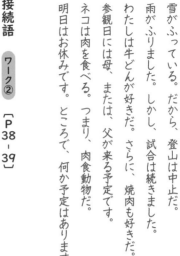

接続語　ワーク① 〔P36-37〕

①雪がふっている。だから、登山は中止だ。
②雨がふりました。しかし、試合は続きました。
③わたしは牛どんが好きだ。さらに、焼肉も好きだ。
④参観日には母、または、父が来る予定です。
⑤ネコは肉を食べる。つまり、肉食動物だ。
⑥明日はお休みです。ところで、何か予定はありますか。

解答にまよったときは、P.36の説明と例文をまた読んでみよう。

接続語　ワーク② 〔P38-39〕

1
①雨がふった。だから、水泳は中止だ。
②おなかがすいた。しかし、水しかない。
③ステーキを食べたい。それに、ケーキも食べたい。
④テレビを見あきた。では、そろそろ勉強しようか。
⑤サケは本来は白身の魚ですが、赤色をしています。なぜなら、赤色の色そをもつエビやカニの子を食べるからです。
⑥けがをした。そのうえ、かぜまでひいてしまった。

2
①雨がふっているので、体育は中止だ。
②しっかりふく習したけれど、点数は良くなかった。
③兄は足が速いし、泳ぎもうまい。
④ケーキを食べてから、まんじゅうを食べた。

接続語　ワーク③ 〔P40-41〕

①このように　②ところが
③そのうえ　④だから

接続語　おさらい 〔P42-43〕

(1)とてもわがまま
(2)Ⓐしかし　Ⓑそして
(3)二、三口はしをつけるだけで、ほとんど残してしまう。
(4)タイの表側を食べ終わったこと。
(5)〈例〉との様が食べたタイをうら返してそのまま出し、「おかわりを持ってきました。」と言った。
(6)〈例〉さっきのタイよりおいしいと思ったから。

文を分けたり・あわせたり　チェック 〔P44-45〕

1
(1)おにごっこは、おにがにげる人を追いかけ、にげている人にタッチすると、おにを交代します。
(2)ところが

1
(1)二十分から、ときには九十分
(2)〈例〉クジラのはく息は「しおふき」ともよばれる。それは、六メートルもの高さまで海水をふき上げることがある。
(3)鼻が頭上にあり、しかも二つのあなが一つにまとまっているから。

二つの文を分けるときは読点のところで文の意味が分かれていることが多いよ。

文を分けたり・あわせたり　ワーク①　〔P46-47〕

〈例〉

① 台風がたくさん雨をふらせた。
けれど、川の水はにごっていない。

② 夕食の時間になった。
なのに、弟はまだ帰らない。

③ ペリカンの漁はたくみです。
そして、十羽くらいの仲間で協力します。

④ ヤドカリの体は貝がらに入っている。
そして、とてもやわらかい。

あてはまる接続語は１つだけじゃないので意味が通れば正解だよ。

文を分けたり・あわせたり　ワーク②　〔P48-49〕

〈例〉

① キリンの首は長いですし、足も長いです。

② 昨日のカレーはからかったが、今日のはもっとからい。

③ 秋になり、赤いトンボがたくさん飛び始めました。

④ 弟がサッカーをしていて、わたしは、弟のシュートを見た。

文を分けたり・あわせたり　おさらい　〔P50-51〕

(1) （さばくのような）水の少ないかんそう地帯

(2) ラクダは水を飲まずに数日間はたえる。
なので、「せなかのこぶの中に水をたくわえている」と思っている人が多い。

(3) 日光の熱をさえぎり、体温が上がるのをふせいでくれる働き。

(4) ラクダは、水を一度に八十リットルも飲むことができるのもあって、かんそうにたえられる体になっている。

(5) ・鼻のあなをとじることができる。
・ブラシのようなまつげがついている。

(6) 暑いさばくで、たくさんの荷物を運んでくれるから。

文の要約　チェック　〔P52-53〕

1 〈例〉

(1) セキレイは、水辺にすむ鳥でとてもきれいです。

(2) こわがらない

(3) 人が歩く前を、トコトコと歩きます。

2 〈例〉

(1) 鳥はこん虫を食べて生きています。

(2) とても目が良いから。

(3) こん虫は、体の色をまわりの色にあわせてかくれています。

文の要約　ワーク①　〔P54-55〕

Ⓐ 〈本文〉ふくろが・あります。
コアラにもおなかに赤ちゃんを育てるふくろがあります。

Ⓑ 〈本文〉赤ちゃんは・はい上がります。
生まれたばかりの赤ちゃんは、お母さんのおなかのふくろまではい上がります。

Ⓒ 〈本文〉赤ちゃんは・出します。
赤ちゃんは、少し大きくなると、ふくろからかわいい顔を出します。

Ⓓ 〈本文〉赤ちゃんが・行きます。
赤ちゃんが大きくなると、自力でおんぶされに行きます。

Ⓔ 〈本文〉コアラは・くらします。　指が・あります
コアラは木の上でくらすので、手足には、木のえだをつかむつめのついた五本の指があります。

> 主語は「は」「が」「も」がついている言葉をさがそう。
> ただ、「コアラにも」には「も」がついていても主語ではないよ。

文の要約　ワーク②　〔P56-57〕

Ⓐ 〈本文〉虫が・いる　ツバメが・やってきます。
田畑には、エサになる虫がいるので、ツバメがやってきます。

Ⓑ 〈本文〉農家の人たちは・知っています。
農家の人たちは、ツバメが害虫をとってくれることをよく知っています。

Ⓒ 〈本文〉ツバメも・わかっているようです。
ツバメも、農家ののき下に巣を作れば、安全だとわかっているようです。

Ⓓ 〈本文〉農家の人は・予想していました。
農家の人は、ツバメの様子から、あすの天気を予想していました。

Ⓔ 〈本文〉農家の人は・きたのです。
農家の人は、ツバメをむかえ、巣作りの手助けをして大切にしてきたのです。

文の要約　おさらい　〔P58-59〕

(1) 植物は、自分で栄養を作って生きているため

(2) それぞれの葉が重ならないように大きく外に広げている。

(3) また

(4) 植物は、日光をよりたくさんとるために、他の植物よりもせを高くしている。

(5) つる

(6) より元気に成長するため

> 理由をたずねられているので、「～ため。」と答えてみるよ。

だん落の要約　チェック　〔P60-61〕

〈本文〉

(1)

Ⓐ 貝がらが・あります。
それは・ヤドカリです。

Ⓑ ヤドカリは・すんでいます。
（ヤドカリは）・守ります。

Ⓓ イソギンチャクは・できません。
（イソギンチャクは）・できます。

Ⓕ ヤドカリは・うつします
（ヤドカリは）・連れていきます。

〈例〉

(2) Ⓐ 動いている貝がらは、貝ではなくヤドカリです。

(3) Ⓑ ヤドカリは貝がらを借りてすみ、貝がらにとじこもって身を守ります。

(4) Ⓓ イソギンチャクは自分で動けないので、ヤドカリに乗せてもらって動くことができます。

(5) Ⓕ ヤドカリは、イソギンチャクを見つけると、自分の貝がらにうつし、新しい貝がらにうつるときには、連れていきます。

だん落の要約 ワーク① 〔P62-63〕

Ⓐ 〈本文〉ペリカンは　下くちばしが・特ちょうです。
ペリカンは大きな鳥で、下くちばしが特ちょうです。

Ⓑ 〈本文〉漁は・たくみです。　仲間が・追いこみます。
ペリカンの漁はたくみで、仲間がU字がたにならび、魚を追いこむ。

Ⓒ 〈本文〉ペリカンは・食べます。
ペリカンは魚たちを大きなふくろがついた下くちばしですくい、魚だけを食べます。

だん落の要約 ワーク② 〔P64-65〕

〈本文〉Ⓐ ものが・ある。　これは・かたまりだ。
Ⓑ たまごが・入っている。
食べられてしまうためだ。
守っている。
Ⓒ かたまりが・守り、　働きが・ある。
Ⓓ たまごは・こす。　よう虫が・出てくるのだ。

(1) カマキリ・あわのかたまり
たまご　・守る（順不同）

本文で何回出てくるか数えてみよう。

(2) Ⓐ あわのかたまり
Ⓑ たまごを守るかたまり
Ⓒ かたまりの働き
Ⓓ あわのかたまりに守られたたまごから、春にはよう虫が出てくる。

だん落の要約 おさらい 〔P66-67〕

(1) 他の生物と戦うときに、有こうになるぶ器をほとんど持たない
(2) Ⓐ では　Ⓑ まず　Ⓒ そのうえ
(3) ジャンプのふみきりを強くするのに役立つ。
(4) ① カエルの後ろ足が長いから。
② カエルの足には水かきがあるから。
③ 人間とちがい頭が軽いから。
(5) ②

文章のはじめ・なか・おわり チェック 〔P68-69〕

(1) 1 お正月
(2) 2 問いかけ
3 千年ほど前
4 鳥がつばさを広げたような形
5 戦の重要な道具
6 ・戦の勝敗の「うらない」
・「のろし」の代わりに遠くの仲間への合図
(3) 7 たこの数もふえ、お正月の遊びになっていった。
8 「たこ」は美しく、まさに日本の伝統となった。

説明文には、初めのだん落の方で「なぜでしょう」のような主題に関わる問いかけの文があることが多いよ。

文章のはじめ・なか・おわり　ワーク①　〔P70－71〕

(1) 1 ネコやイヌの遠い仲間なのに、
3 なぜ飛ぶことができるのだろう。
(2) 5 かさのほねのような細いうで、
長い指、短い足がついている。
6 細いうでにはうすいまくがついていて、それで飛んでいる。
(3) 7 体重はとても軽く、わずかに六グラムほどだ。
8 コウモリはつばさはないが、体のしくみで空を飛べる。

文章のはじめ・なか・おわり　ワーク②　〔P72－73〕

(1) はじめに　Ⓐ
なか　Ⓑ　Ⓒ
おわり　Ⓓ
(2) Ⓐ こん虫の色はすむ場所の色とにている。
Ⓑ まわりの色にとけこむことでてきから身を守っている。
Ⓒ まわりの色に身をかくし、うまくえものをとっている。
Ⓓ まわりの色にかくれて身を守るのも、えものをとらえるのも、生きるための方法だ。
(3) ②

題を問われる問題はどれもあてはまることが多いので、
この文章ではその特ちょうが何に生かされているかを考えましょう。

文章のはじめ・なか・おわり　おさらい　〔P74－75〕

(1) Ⓐ 2 身を守るために貝がらをかぶってくらしている。
Ⓑ 3 ヤドカリも成長すると
4 きゅうくつになってくる。
5 すると、ヤドカリは体にあう貝がらをさがし、
6 貝がらの大きさをはさみでていねいに調べる。
8 良いものが見つかると、新しいすみかに宿かえをする。
Ⓒ 10 苦労して入ったカラでも、
強いヤドカリに追い出されることもあり、
11 借家ずまいは苦労が多いようだ。
(2) ㋐

タコの足の役目　〔P76－77〕

(1) 八本あって、そのすべてにきゅうばんがたくさんついている。
(2) きん肉
(3) カニ、エビ、貝
(4) また
(5) きゅうばんがびんのふたをしっかりつかむのに役に立つ。
(6) きけんを感じたとき
(7) （しばらくすると）生えてきて元通りになる。

「どんなとき」とたずねられているので、本文から
「～とき」という言葉をさがそう。

ラッコを知ろう！〔P78-79〕

(1) イタチ、カワウソ、ビーバー（順不同）
(2) 千島列島やアラスカえん岸などの冷たい海中
(3) フワフワの体毛が、冷たい海水から身を守る。
(4) 泳ぎがとくいでないから。
(5) 海そうを体にまきつけてねる。
(6) おなかの上に子どもを乗せながら、子育てするすがた

ウナギとアナゴ〔P80-81〕

(1)
・ヘビのような細長い形をしていること。
・さわるとヌルヌルしていること。
・栄養かが高いこと。

(2)
顔の形　ウナギ　下あごが出ている
　　　　アナゴ　上あごが出ている
おびれの形　ウナギ　丸い
　　　　　　アナゴ　とがっている

(3) ウナギ　川
アナゴ　海

(4) ウナギ　こってりとした味わい
アナゴ　あっさりとしており、ほんのりあまい

「どこ」とたずねられているので場所を答えよう。

ニホンカモシカ〔P82-83〕

(1) 中国地方以外の本州と、四国や九州の山地など
(2) ウシ科
(3) 一度胃に入れたものを胃から口へもどし、もう一度食べ直す食事方法
(4) オスとメス、どちらにも生える
(5) 氷河期を生きぬいためずらしい動物だから。
(6) 国の特別天然記念物

イリオモテヤマネコ〔P84-85〕

(1) 沖縄県の西表島にすむ → 野生の → ネコです。
イリオモテヤマネコは、ネコです。

この述語をくわしくしている文がイリオモテヤマネコのじょうけんになっているよ。

(2) 水にもぐって泳ぐこと。
(3) 小さな島では、川魚などもとらなければ生きていけないから。
(4) およそ三百万年以上も前
(5) イリオモテヤマネコ

ジャガーの子育て〔P86-87〕

(1) ネコ科
(2) ジャガーの方がさらにがっしりとした体で、かむ力も強力。
(3) 泳ぎがとくいだから。
(4) ジャガー　目がはっきり見えず、よちよち歩きのじょうたい
草食動物　目が見え、すぐに歩けるじょうたい
(5) かりの方法

動物の目のちがい〔P88-89〕

(1) 肉食動物　他の動物
草食動物　植物
(2) 左右の目が顔の前方にならんでついている。
にげる動物を追いかけてつかまえるのに欠かせない、遠近感をつかむため。
(3) 左右の目が頭の側面に分かれてついている。
てきにいち早く気づいてにげられるよう、広く遠くまで見るため。
(4) 生きるために自分にあった体のつくりをしているから。

理由の答え方には「ため」と「から」とあるので、本文で使われている言葉にあわせて答えよう。

女王バチのひみつとくらし〔P90-91〕

(1) 問題てい起　Ⓑ　答え　Ⓒ・Ⓓ
(2) 女王バチ、働きバチ、おすバチ
(3) 食べ物
(4) 王台に産みつけられて育ったハチ。
(5) 女王バチ　ローヤルゼリー
働きバチ・おすバチ　花ふんや花のみつ
(6) 毎日たまごを産み続けること。

オナラにご用心〔P92-93〕

(1) スカンク、カメムシ、ミイデラゴミムシ（順不同）
(2) きけんがせまると、体内からえき体を出し、そのにおいで追いはらう。
(3) へこき虫
(4) てきに出会ったとき
(5) およそ百度にもなる温度

人と仲良くくらすゾウ 〔P94-95〕

(1) （熱帯地方の）東南アジア

(2) 道が開かれておらず、自動車などが入れない場所があったから。

(3) 兄弟のように仲良し

(4) けわしいジャングルをあちらこちらへと動き回り、人が切りたおした重さ二トンもの大きな丸太を鼻で持ち上げて運び出すこと。

(5) 森の中

(6) とても気持ちよさそうな様子

モグラの土地争い 〔P96-97〕

(1) 土の中

(2) 光を感じること

(3) さわったものが何であるかがわかる働き

(4) 地面をほるのに役立つ

(5) アズマモグラ　東日本　コウベモグラ　西日本

(6) 何が　アズマモグラ　どこへ　東日本

フクロウと新かん線 〔P98-99〕

(1) Ⓐ そのうえ　Ⓑ しかし

(2) ・暗い夜でもえものが見えるから。
・静かに飛ぶことができるから。

(3) 羽の一部分がギザギザになっている。

(4) 新かん線のパンタグラフ

(5) 動物の体のしくみを道具に取り入れたから。

身近になったパプリカ 〔P100-101〕

(1) 野菜が ― ならびます。

(2) 苦いから

(3) 子ども　大人よりもびん感
大人　子どもよりもどん感

(4) パプリカ　今から二十年ほど前
ピーマン　今から百年ほど前

(5) トウガラシ　から味が強いもの
ピーマン　から味が少ないもの
パプリカ　あまくて苦味が少ないもの

(6) ・色目が美しい。
・たくさんの栄養をふくんでいる。

くらべる問題はそれぞれの言葉が何を指しているかをしっかりかくにんしてね。

「イモ」の役わり 〔P102-103〕

(1) Ⓐ では　Ⓑ このように
(2) 種をつくって（仲間を）ふやす方法（こと）
(3) 土の中にくきの一部や根を残して、そこから新たに仲間をふやす方法
(4) ジャガイモ　くき
サツマイモ　根
(5) 栄養をためこむ役わり
(6) 〈例〉人間にとってさらに都合の良い、大切な食料としてきました。

種の生命力 〔P104-105〕

(1) 種をばらまいてふやす。
(2) 芽を出すための力の元
(3) いつ　一九五一年
どこから　深い土中から
(4) 古代のハスの花
(5) 発芽のじょうけんが整っていない場合には、発芽させずに力をたくわえるホルモン
(6) てき度な温度や水分

植物工場 〔P106-107〕

(1) 工場で植物をさいばいすること。
(2) 光、温度、水、養分
(3) 人工のもの、自然のもの
(4) 都会のビル
(5) ・天候が不安定でも、計画的に生産ができること。
・農地がいらないこと。
・作物の病気がないため、無農薬による安全な生産ができること。
(6) ・生産費用がかかることで、生産物が高くなること。
・主な作物が葉物野菜などになること。

カレー 〔P108-109〕

(1) インドから、イギリスを通して伝わりました。
(2) スパイスを使って野菜や肉類を味つけしたインド料理。
(3) ポルトガル人
(4) 野菜や肉
(5) スープをかけたご飯
(6) カレー粉に

「柿が赤くなると、医者が青くなる」〔P110-111〕

(1) 幸福を「かき」集め、よろこびをもたらすと考えられてきたから。

(2) ①

(3) いろいろな栄養をバランスよくふくんでいるから。

(4) ブドウとう、ビタミンA、タンニン、ミネラル、食物せんいいつでも食べられること。

「何のことですか。」でたずねられたときは「〜こと。」などで答えよう。

(5) ・自然のあま味をあたえてくれること。

(6) ・食物せんいがずばぬけて多いこと。

「海の上の診療所」〔P112-113〕

(1) 海の上の診療所

(2) 医師や看護師たちを乗せて診療してまわる船

(3) 港の近くの島々を医師がまわること。

(4) 瀬戸内海をわたる大きな橋ができたから。

(5) 検診や診療、病気、けが人の治療

(6) ・最新の診療機器

・車いすの人も乗れるエレベーター

※難しい漢字はひらがなでも可

「天空の村・かかしの里」〔P114-115〕

(1) 徳島県の山おくにある、住む人のとても少ない村

(2) ・畑をたがやしているおばあちゃん

・工事をしているおじいちゃん

・お店でくつろぐ人たち

(3) かかし

(4) 田畑をあらす鳥やけものを追いはらうための人形

(5) 住民が使わなくなった服やくつが使われている。

(6) 住民がふえてほしいという切なる願い。

千支のたん生〔P116-117〕

(1) 中国

(2) 木星

(3) 木星が、十二年で太陽の周りを一周すること。

(4) ウシ

(5) ネコ

(6) ① お昼の十二時の「正午」

② 千支を使った「うま（午）のこく」から来ている。

ダイナマイトとノーベル賞　〔P118-119〕

(1) 化学者
(2) 多くの家庭教師から教育をうけたから。
(3) ニトログリセリンの安全な作り方の研究
(4) ・土木工事がとても楽になったこと。
・ノーベルの会社が大金を手に入れたこと。
(5) ところが
(6) ノーベル賞

さらばグズ太郎　〔P120-121〕

(1) クラスのみんな　グズ太郎
お母さん　のんびりやさん
(2) ぼくの行動がおそいことを先生に注意されること。
(3) この春休みの間に心を入れかえておくこと。
(4) 気になることがあると、想ぞうしてしまうくせがあるから。
(5) ①
(6) 今日から絶対に想ぞうしないように生活しよう。

セロひきのゴーシュ　〔P122-123〕

(1) たぬきの子はぼうをもって、セロのこまの下のところをひょうしをとってポンポンたたき始めたこと。
(2) ゴーシュが二番目の糸をひくときは、ふしぎにおくれるということ。
(3) たしかに
(4) ②

ごんぎつね ①　〔P124-125〕

(1) 二、三日
(2) あなの中にしゃがんでいました。
(3) ・空はからっと晴れていた。
・もずの声がきんきん、ひびいてた。
(4) 川は、いつもは水が少ないのですが、三日もの雨で、水が、どっとましていました。
(5) 草の深いところ
(6) ・ぼろぼろの黒い着物をまくし上げている。
・こしのところまで水にひたっている。
・魚をとるはりきりというあみをゆすぶっている。

問いに「すぐ」とあるので、その文の後からあてはまる文をさがそう。

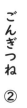

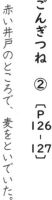

ごんぎつね ②　〔P126-127〕

(1) 赤い井戸のところで、麦をといでいた。
(2) ②
(3) おれと同じ一人ぼっちの兵十か。
(4) いせいのいい声
(5) いわし売りが弥助の家の中へ入ったとき。
(6) ごん